AF389364

L'ARBITRE
CHARITABLE

POVR EVITER LES PROCEZ ET LES QVERELLES;

Ou du moins pour les terminer promptement, sans peine & sans frais.

Cela se fera facilement,

Si les Euesques & les Curez, les Gouuerneurs des Prouinces, & les Seigneurs des grands Fiefs, ont la bonté d'estre les Mediateurs, comme ils l'ont esté autrefois, & qu'ils sont obligez de l'estre, suiuant l'Euangile; les Peres, les Canons, les Conciles, & les Ordonnances de nos Rois.

Monsieur le Prince de Conty l'a fait dignement, pendant sa vie, dans ses terres & dans ses Gouuernemens.

Et Nostre Monarque, au milieu de tous ses soins, prend bien la peine, de donner des Audiences publiques, jusques aux moindres de ses Sujets, pour terminer promptement leurs Procez & differens.

Aprés vn exemple si illustre, qui refusera de seconder les bonnes intentions de nostre Prince?

Presenté au ROY, l'an 1668.

Par le Prieur de S. PIERRE (Alexandre de la Roche)

A PARIS,

Chez LAVRENS RAVENEAV, dans la ruë & porte de Saint Victor.

M. DC. LXVIII.

AVEC APPROBATION ET PRIVILEGE DV ROY.

AV ROY.

IRE,

VOSTRE MAIESTE', *est tres-humblement
suppliée, d'accorder sa protection à ce petit Liuret,
qu'on ose luy presenter; parce qu'il peut augmenter &
conseruer les Conquestes de VOSTRE MAIESTE,
empescher les Duels, & abolir la Chicane, d'vne
maniere qu'elle ne pourra jamais renaistre. Ce Liuret
a déja fait de grands fruits, & on espere qu'il en fera
dauantage, si V. M. a agreable d'appuyer l'execution
de son autorité.*

ā iij

1. *Pour commencer par les Conqueſtes*, VOSTRE MAIESTE', *doit eſtre avertie, qu'on a perſuadé aux Flamans, & aux autres Eſtrangers, juſques aux Païſans, que la Chicane de France eſtoit le pire de tous les maux, & que s'ils deuenoient ſujets de* V. M. *pour conſeruer vn œuf, il leur faudroit manger vn bœuf.*

2. *En ſecond lieu pour les Duels, qui ne ſçait que la plus grande partie viennent, de ces Procez animez & immortels, qui ſont parmy la Nobleſſe, des parens ſe ſont égorgez ſouuent pour de pareils ſujets, & l'on fait paſſer ces combats pour des rencontres.*

3. *Les remedes qu'on taſche d'apporter, par ce Livre à ces maux, & à d'autres ſemblables, ſeront infaillibles, ſi* V. M. *luy accorde ſa protection, & qu'elle ait agreable de faire executer les Loix & les Ordonnances, des Rois & Empereurs ſes Predeceſſeurs; de Charle-Magne entr'autres, & de Louïs le Debonnaire. Nous voyons dans leurs Capitulaires, que ces bons Princes, grands Conquerans & grands Legiſlateurs, comme* V. M. *s'appliquerent particulierement à procurer la Paix à leurs peuples, au dedans du Royaume, en faiſant ceſſer leurs procez & leurs querelles.*

4. *Pour y paruenir, ils jugerent, qu'il eſtoit plus vtile au peuple, & plus facile au Prince, d'empeſcher les procez & les querelles, ou du moins de les faire terminer dans leur naiſſance, que d'obliger les Iuges à les bien juger & à les juger promptement: Ces bons Princes conſiderans, que ceux qui ont procez ou querelle, voudroient*

quaſi tous eſtre d'accord, au moins que de deux, vn le deſire; ſçauoir le plus foible ou le plus ſage, mais qu'il n'o-
ſe le témoigner, de crainte de ce qui arriue d'ordinaire,
que ſon ennemy ou ſa partie ne recule & ne ſe vante qu'il
a peur.

5. Ils virent donc, s'il y auoit des Entremetteurs
& des amis communs, que celuy qui deſire la Paix
donneroit d'abord ſa parole, & que l'autre auroit
peine à la refuſer, à cauſe du reſpect & de la défe-
rence qu'il auroit pour les Mediateurs : Que comme les guerres des Rois, qui ſont leurs Procés, ſe terminent par la mediation des autres Rois, leurs voiſins
& alliez; de meſme les Procez des particuliers, qui
ſont leurs guerres, ſe pourroient terminer par la meſme voye.

6. Par des conſiderations ſi ſages, ces deux grands
Princes & Empereurs, commencerent à donner des
Audiances publiques à leurs peuples, comme fait,
VOSTRE MAIESTE', & ordonnerent enſuite
aux Gouuerneurs des Prouinces de faire le ſemblable.
Ils conuierent principalement les Eueſques & les Curez, à trauailler auſſi par leur mediation charitable
à accorder les Procez & les Querelles de leur Troupeau, ainſi qu'ils y ſont obligez ſuiuant l'Euangile,
les Peres, les Canons, & les Conciles : Et pour
les y conuier plus facilement; ces Princes leur font
l'honneur de leur dire, qu'ils partagent auec eux,
les fonctions penibles de la Royauté, (Partem
miniſterij noſtri regalis, per partes habetis.)

7. *Nous auons veu de nos jours*, SIRE, *Monfieur le Prince de Conty le faire dignement, dans fes terres, & dans fes Gouuernemens. Grand nombre d'Euefques l'ont fait dans tous les fiecles, il y en a qui le font encore dans voftre Royaume, & ce Liuret parle d'vn bon Curé fujet de* VOSTRE MAIESTE, *qui dans fa Paroiffe, fait par fon entremife charitable, que les Querelles & les Procez quaf tous s'accommodent à l'amiable. Ce qui fe fait dans vne Paroiffe, fe peut faire dans toutes les autres Paroiffes de la France, & s'y fera, fi les Euefques ont la charité d'y exhorter leurs Curez. C'eft pour cela, que l'Autheur de ce Liuret l'enuoya à tous les Prelats l'an 1666. & le dedia à Monfieur l'Euefque de Luçon; parce qu'il pratiquoit déja, ce que le Liuret confeille; d'autres Euefques auffi-toft qu'ils le reccurent, le firent imprimer & diftribuer à leurs Curez, & ceux-cy du depuis y trauaillerent auec grand faccez.*

8. *Mais depuis qu'on a fceu, que* VOSTRE MAIESTE', *au milieu de tous fes foins, prenoit la peine Elle-mefme, de donner des Audiances publiques, jufques au moindre de fes fujets, pour terminer promptement leur Procez & leur differends; fon exemple a enflamé le zele de beaucoup d'Euefques & de Gouuerneurs de Prouince, qui tous affeurement feconderont les bonnes intentions de* VOSTRE MAIESTE', *fi Elle a agreable de les y conuier, par vne Lettre Circulaire, comme Elle les conuia*

autrefois

autrefois à tenir la main à l'execution de ses Edits contre les Duels, dont la plus grande partie, viennent comme nous auons déja dit, de ces Procez animez & immortels ; Et conuier les Euesques & les Gouuerneurs à s'entremettre pour les faire accorder à l'amiable ; c'est les conuier à empescher les Duels : C'est pourquoy, SIRE, on Supplie tres-humblement, VOSTRE MAIESTE', d'accorder cette Lettre Circulaire, qui doit auoir de si bons effets.

9. Car alors, SIRE, quand on verra VOSTRE MAIESTE', vos Gouuerneurs, sur tout dans les Païs conquis, les Euesques & les Curez, trauailler tous par vostre ordre à cette mission de Paix, les sujets de vos nouuelles Conquestes, ne craindront plus la Chicane de France ; les estrangers & les ennemis mesme de l'Estat, n'en décriront plus le Gouuernement ; ils seront persuadés que le dessein de VOSTRE MAIESTE', est d'abolir entierement la Chicane, & l'empescher de pouuoir jamais renaître ; ils verront, que VOSTRE MAIESTE', y trauaille par l'autorité des Loix, & qu'Elle conuie l'Eglise à y trauailler par la douceur de l'Euangile, ce qui est le meilleur remede & de plus longue durée qu'Elle puisse y apporter.

10. Les meilleures Loix, de VOSTRE MAIESTE', peuuent n'estre pas executées, par la negligence des Rois ses Successeurs ; Mais si les Gouuerneurs, si les Euesques & les Curez ont ordre de contribuer à

EPISTRE.

l'execution de ces *Loix Pacifiques*; cela durera à jamais;
il se trouuera toûjours parmy eux quelqu'vn de charitable, dont l'exemple rechauffera le zelle des autres;
les peuples accouftumés à la douceur de ce remede,
les y exciteront eux-mefmes, lors qu'ils viendroient à
se relascher, & à jamais la France benira le nom de
VOSTRE MAIESTE', de luy auoir procuré vn
remede fi doux, & fi facile pour guerir le plus grand
de ses maux.

11. *Henry le Grand*, cét *Ayeul* fi glorieux de
VOSTRE MAIESTE', eftoit entré dans la
pensée, & le deffein de ces *Princes*, dont nous venons de parler; il auoit confideré comme eux, que
de deux qui ont *Procés* ou *Querelles*, vn defire la
Paix, mais qu'il n'ofe la demander pour les raifons que nous auons dites : *Que les Rois en France*, depuis la venalité des *Charges*, auoient connu
qu'il n'y auoit point de moyen plus facile que l'*Arbitrage*, pour terminer promptement les *Procés* &
les differends, & que par cette raifon, ils auoient
conuié leurs peuples par des *Edits publics*, à se feruir de ce remede, mais que leurs *Loix* n'auoient
pas efté executées, à caufe qu'il n'y auoit pas eu de
peine ordonnée contre le refufant *Arbitrage*.

12. *Pour* cela ce bon *Prince*, à ce que dit fon
grand *Ministre*, & confident le *Duc de Sully*,
vouloit ordonner cette peine contre celuy qui refuferoit l'*Arbitrage*, telle que feroit, par exemple, vne
amande payable auant que d'eftre receu à plai-

der, *telle que seroit encore,* consigner vne somme pour les frais du Procez, *ou bien* que le
refusant ne pourroit esperer de dépens. *Si vne
peine semblable estoit establie, la moitié des Plaideurs demanderoient à s'accorder, & l'autre moitié n'oseroit le refuser de crainte de la peine. Les
Loix pour estre executées doiuent estre suiuies de
chastimens & de recompenses. Dieu pour se faire obeïr
promet le Paradis, & menace de l'Enfer.*

13. VOSTRE MAIESTE', est tres hum-
blement Suppliée, si Elle le juge à propos, d'établir
cette peine dont nous parlons, au moins contre ceux
qui refuseront l'Arbitrage quand ils en seront requis
par des gentils-hommes: par ce moyen qu'on croit
l'vnique, Elle empeschera leurs Duels, & conser-
uera leur bien, qui les tiendra en estat d'éleuer
leurs enfans, & de les entretenir dans les Armées,
pour le seruice, l'honneur, & la gloire de VOSTRE
MAIESTE', au lieu qu'aujourd'huy ils emploient,
& ces biens & leur temps à frequenter les Tribunaux, & à faire la cour à des Aduocats & Procureurs.

14. VOSTRE MAIESTE', souffrira enco-
re, s'il luy plaist, qu'on luy represente que le pauure
se plaint, qu'il ne peut esperer de Iustice en France;
il dit que la reformation, ne parlant point de la rendre gratuitement, qu'il faudra toûjours de l'argent,
& que le pauure n'en a pas. Cependant, SIRE,
voştre Royaume est plein de ces pauures sans argent,

opprimés par le riche, *&)* le violent, qui gemiſſent par conſequent, ſans eſperance de ſecours, ny d'aucun remede à leurs maux.

15. *Henry IV.* ce *Prince* toûjours bon, *&* qui auoit des entrailles de miſericorde pour ſon peuple, conſiderant cette miſere ſi digne de pitié, pour déliurer le foible de l'oppreſſion, ordonna l'an 1610. qu'il y auroit dans toutes les *Cours, &* toutes les *Iuriſdictions* de ſon *Royaume,* des *Aduocats &* des *Procureurs Charitables,* qui prendroient gratuitement le ſoin des *Procés* des pauures, à l'exemple de ce qui ſe fait dans l'*Eſtat* de la *Republique* de *Veniſe,* qui eſt le miracle de la police de l'*Europe.*

16. *Cet* établiſſement ſe fit d'abord en *Prouence,* par les ſoins charitables, de celuy qui eſtoit alors premier *Preſident, &* du *Procureur &* des *Aduocats Generaux* du *Parlement, &* l'eut eſté par toute la *France,* ſans la mort inopinée de ce bon *Prince.* La *veufue & l'orphelin,* SIRE, conjurent, VOSTRE MAIESTE', d'acheuer ce grand deſſein de charité, comme *Elle* acheue les autres grands deſſeins de ſon *Ayeul.*

17. *Ce* ſera pour lors, SIRE, que le pauure éleuera ſa voix juſques au *Ciel,* pour publier vos loüanges, *&* qu'on dira de VOSTRE MAIESTE', ce que l'*Ecriture* dit d'vn grand *Prince,* Que la droite toute puiſſante du Roy a éleué vn mur d'airain pour la defenſe du foible, que la malice de la Chicane ne pourra ébranler.

I

18. *Ce sera pour lors , qu'on dira encore de* VOSTRE MAIESTE', *ce que dit le mesme Texte Sacré, d'vn autre grand Prince Conquerant comme vous, dont il fait l'Eloge :* Qu'au milieu des Armées , & nonobstant le bruit & l'éclat de ses Conquestes & de ses Triomphes , il a ouï la voix du foible, qui demandoit secours, & s'est abaissé jusques à seruir d'œil à l'aueugle, & de pied au boiteux , *pour vser des termes de l'Ecriture.*

19. *Et pour recompense ,* SIRE, *de toutes ces actions de charité, je souhaite à* VOSTRE MAIESTE', *celle que les Prelats de nostre France souhaiterent à ce grand Empereur Charle-Magne. Il est vray que pour le conuier à continuer ses Audiances publiques, à conseruer ce bel ordre qu'il auoit establi pour accorder les Procez & les Querelles de ses peuples, & à les maintenir en Paix , ils luy dirent* (comme il est rapporté dans ses Capitulaires ,) *que* non inchoantibus , sed perficientibus datur præmium. *Que la Couronne n'est promise qu'à celuy qui perseuere.*

20. *Ce sera à* VOSTRE MAIESTE', SIRE, *que cette Couronne sera donnée , puis qu'Elle est si ferme dans ses resolutions , & si prompte à les executer, que tous les Princes de l'Europe viennent d'en estre étonnez. Ils ne peuuent comprendre de quelle maniere s'est faite cette Conqueste miraculeuse de la Franche-Comté , comme* VOSTRE MAIESTE' , *à pû faire marcher des Armées au milieu de l'hyuer , dans vn*

temps où les autres Princes, ont de la peine seulement à
voyager, comme VOSTRE MAIESTE, a pû dans
la rigueur de la saison attaquer des Places, assieger
des Villes, & enfin Conquerir toute vne grande Prouince en moins de temps qu'il n'en faut pour conceuoir ce miracle ; car l'expedition s'est faite en moins de
vingt jours. Ce miracle, SIRE, ne peut estre attri-
bué qu'à la presence de VOSTRE MAIESTE', &
a la fermeté, à la vigilance, & à l'actiuité qu'Elle
fait paroistre dans toutes ses entreprises. Ie luy souhaite, SIRE, l'heureux accomplissement de tous les
autres bons desseins, qu'Elle a pour le soulagement de
ses peuples ; & suis auec vn tres-profond respect,

SIRE,

DE VOSTRE MAJESTE',

Le tres-humble, tres-obeissant,
& tres-fidele Sujet & seruiteur,
LE PRIEVR DE S. PIERRE.
Alexandre de la Roche.

LE
BON EVESQVE
SAINCT AVGVSTIN

ANS son Diocese. Il accordoit les procez & differens, Il dit qu'il quittoit tout pour cela; que c'est une des
fonctions la plus importante de l'Episcopat.
L'Evangile & les Peres demandent cela des Pasteurs, Philip. 3. Ioann. 14. Paul Rom. 2. cor. 1. leo. Epist. 82.
L'Eglise d'Orient a retenu cette Saincte pratique.
Les Conciles l'ordonnent à tous les Euesques. Studendum est Episcopis, vt dissidentes Fratres siue Clericos, siue
Laicos, ad pacem magis, quam ad iudicium, cohortentur. Carh. 4. c. 26.
Nos Roix ont passé plus avant, ilz ont exhorté les Euesques d'excommunier ceus qui refuseroient de s'accorder
suiuant ces Conciles foudroyans devorm. 15. c. 41. Agath c. 31.
Placuit vt sicut plerumque fit quicumque odio, aut longinqua inter selite dissenserint & in pace reuocari, n qui verint, à Ciuitatim.
primitus Sacerdotibus arguantur; Quid si inimicitias de ponere noluerint, de Edessiæ cœtu iustissima ex communicatione pellatur C. ad. 4. c. 31.

AVX EVESQVES.

OVS eftes, MES-SEIGNEVRS, les Succeſſeurs de ce diuin Paſteur, IESVS-CHRIST, il aime ſon Troupeau tendre-ment, quand il le fallut quitter, pour retour-ner à ſon Pere, il n'eut point de preſent plus precieux à luy faire que la Paix, *Pacem meam do vobis*, Ioan. c. 14. Aprés ſa Reſurrection glorieuſe, viſitant ſes Apo-ſtres, ſe preparant à cette Entrée Triomphante dans les Cieux, il ne leur a neantmoins parlé que de cette Paix, *Pax vobis*, S. Luc cap. 24. Et enfin toutes les fois qu'il s'eſt apparu à ces chers Diſciples, à ces Princes de l'E-gliſe naiſſante, il leur a toùjours ſouhaité cette meſme Paix *Pax vobis, iterum Pax vobis*. Ioan. cap. 20.

En effet, le repos de l'eſprit, & la tranquilité de l'a-me, ſont les fondemens ſolides, ſur leſquels s'éleuent les autres vertus Chreſtiennes ; car comment pouuoir entendre la douce voix de l'Agneau, parmy le bruit & les tempeſtes des Paſſions ? Comment pouuoir ouïr vô-tre voix Paſtorale, MES-SEIGNEVRS, parmy les foudres & les tonneres de la Colere ?

Et neantmoins, c'eſt aujourd'huy l'eſtat déplorable de la plus part de nos pauures François, ils ſe deuorent en procez & en chicane, ils ſe déchirent par ces haines & inimitiez irreconciliables, qui les accompagnent par ces injures, ces vengeanges, ces deſeſpoirs, ces ſermens & blaſphêmes, qu'ils vomiſſent contre leurs parties, & contre le Ciel qui en eſt innocent.

Iez

Vous pouuez, MES-SEIGNEVRS, arrefter le cours, de ces torrens impetueux, de pechez & d'offenfes, qui font caufe de cent, & cent millions de pechez mortels que l'on commet en France : Vous pouuez détruire ces épines mal-heureufes, qui empeſchent cette diuine femence de produire, que vous allez répandant tous les jours dans les ames de vos Brebis, par la faincteté de vos mœurs, par vos bons confeils, vos exhortations, vos vifites frequentes, que vous faites en perfonne dans vos Paroiſfes, par vos faintes Miſſions, par vos conferences, & par cent autres actions de pieté & de charité confommée.

Il faut preparer la terre, fi on veut qu'elle produife, c'eft femer dans les grands chemins, *& fur les pierres*, comme dit l'Euangile, que de parler des affaires du Ciel, à vn cœur aſſiegé de procez & animé de colere : Ce qui eft de plus déplorable, nombre de ces pauures Plaideurs, quittent l'vfage des Sacremens, & avoüent leur faibleffe, qu'ils n'en peuuent approcher, qu'ils ne peuuent pardonner, qu'ils ont l'ame pleine de haine & de vengeance, contre leurs parties, qu'ils croyent les auteurs de leur ruine & de leurs miferes. Les Tribunaux de penitence retentiſſent de ces plaintes, vos ouvriers facrez, qui trauaillent auec tant de zele dans vos faintes Miſſions, fçauent la peine qu'ils ont, à conduire ces ames defolées.

Il eft facile, MES-SEIGNEVRS, fi vous l'entreprenez, d'étouffer ce monftre de divifion & de difcorde. Vn bon Curé, dont ie parleray dans ce Liuret, a entrepris cette Moiſſon de Paix, & Dieu a beny fes deſſeins : Dans fa Paroiſſe il n'y a querelle ny procez, qui puiſſe luy refifter, par fon entremife charitable, il fait qu'ils s'accommodent quafi tous à l'amiable. La plufpart de ceux qui ont procez ou querelle, voudroient eſtre d'accord, du moins de deux, vn le defire, le plus foible, ou le plus fage, mais il n'ofe le témoigner, de crainte comme il arriue d'ordinaire , que la partie, ou l'ennemy ne recule , & ne fe vante qu'on a peur. Il ne faudroit donc, qu'vn Entremetteur Charitable, qui fut fans intereft , fans paffion , animé de l'efprit de paix, comme ce bon Curé & fon Euefque; il ne faudroit que des Entremetteurs zelez, comme l'ont efté tous ces Prelats de la Primitiue Eglife , & comme tous le doiuent eftre , fuiuant l'Euangile , les Peres, les Canons, les Conciles , & les Ordonnances de nos Rois, dont nous parlerons cy-apres.

Le Plaideur , eft le Paralitique de l'Euangile , au bord de la Pifcine, qui defire la paix; mais il n'a point d'homme qui la luy procure, foyez-le, MES-SEIGNEVRS, fuiuez le confeil de l'Apoftre, fuiuez l'exemple de grand nombre de nos Euefques , que noftre France a admirez, fuiuez ceux de faint Ambroife, & de noftre charitable faint Auguftin; ç'a efté l'vn des plus occupés de tous les Prelats, & qui neantmoins quittoit fes études, pour trauailler à cette moiffon, comme la plus importante, dit-il, de toutes fes fonctions : Ses Succeffeurs & ces autres Euefques de l'Eglife maintenant defolée, fous l'Empire du Turc, ont retenu cette fainte pratique, & c'eft encore aujourd'huy vne de leurs plus charitables occupations.

Dans ce Royaume , grand nombre de nos Euefques y trauaillent auffi dignement, MONSEIGNEVR DE LVÇON, entr'autres, qui quitte les delices apparantes de la Cour, & fe tient relegué dans vn Marais, pour s'appliquer à ces foins charitables. Il en a donné des preues publiques l'an 1666. il eftoit deputé à l'Affemblée generale du Clergé qui fe tenoit à Paris, elle n'eftoit pas finie , & neantmoins il s'en alla à grandes journées; parce que la Fefte de Pafques approchoit.

Quand vous trauaillerez, MES-SEIGNEVRS, à cet ouurage de paix , vous obeïrez aux Conciles, & feconderez l'intention de nos Rois, qui par leurs Edits

ᵴ ij

& leurs Ordonnances, ont conuié leurs fujets à terminer leurs procez à l'amiable; fur tout vous feconderez
les bons deffeins de noftre Incomparable Monarque,
qui trauaille il y a fi long-temps, à la reformation de
cette mal-heureufe Chicane, & auec vne application
digne des Rois, dont l'Hiftoire Sacrée fait les éloges;
au milieu de fes foins, il prend la peine luy-mefme, de
donner des Audiances publiques, jufqu'au plus pauure
de fes fujets, pour terminer promptement leurs procez &
differens.

Ce bon Prince, vous a conuié, MES-SEIGNEVRS,
par des Lettres Circulaires, de tenir la main à l'execution de fes Edits contre les Duels, la plufpart dans les
Prouinces, viennent de ces procez animez & immortels, qui font parmy la nobleffe, il y en a d'hereditaires
dans les familles, qui ont pouffé les enfans, les peres,
& les ayeuls à fe battre, & les mefmes procez durent
encore: Mal-heureufe France, dont la chicane te fait
nourir dans ton fein des monftres immortels!

L'Empire a befoin du Sacerdoce, afin que les Loix
foient bien executées; les Princes commandent au corps,
mais l'Eglife perfuade les efprits: c'eft pourquoy le Roy
des Rois, IESVS-CHRIST, naiffant fur terre, a
fait alliance du fang Royal, auec le Sacerdotal. Vous
pouuez donc, MES-SEIGNEVRS, entrepren-
dre hardiment de perfuader les peuples d'obeïr à l'E-
uangile & aux Conciles, qui declarent *Anathefmes*,
ceux qui refufent l'accord quand ils en font requis.
Vous pouuez exhorter les peuples à obeïr à nos Princes
& à leurs Loix, qui les conuient de terminer leurs procez à l'amiable.

Ces grands Empereurs, Charle-Magne entr'autres,
& Loüis le Debonnaire, exhorterent les Prelats de
leur temps, par leurs Loix & leurs Ordonnances, à
trauailler auec eux à cette moiffon de paix, & pour les
y conuier plus fortement, ils leurs difoient qu'en cela ils

partageoient auec le Prince, les fonctions de la Royauté, *Partem Ministerij nostri regalis per partes habetis.* Capitul. l. 2. cap. 12.

Il s'est déja fait vne sainte resolution à Paris parmy des personnes de qualité & de vertu éminente, de n'avoir point de procez, que l'on ne conuie sa partie par écrit à s'accommoder à l'amiable, & à dire d'Arbitres: Par cette voye grand nombre de procez s'accordent tous les jours, & si cela s'établit par tout le Royaume, comme vous le pouvez procurer, MES-SEIGNEVRS, par vos saintes inspirations, le procez, ce demon fatal de toute diuision, sera bien-tost banny de la France.

Il y a des pauures à milliers par tout le Royaume, qui ont des procez, opprimez par le riche, ou le violent, ils gemissent sans esperance d'aucun secours; car la Iustice ne se rend pas sans argent, & le pauure n'en a pas.

Vous pouvez encore, MES-SEIGNEVRS, remedier aux miseres de ces mal-heureux, vous pouuez conuier nostre grand Prince, à établir par toute la France ces Aduocats & Procureurs Charitables, qui sont établis en prouence, suiuant l'Ordonnance de Henry IV. de l'an 1610. ils prennent soin des procez des pauures gratuitement, & les accordent quasi tous à l'amiable; Cela se fait parfaictement dans la *Republique de Venise*, ils recompensent mesmes de l'entrée du Senat, qui est la dignité Souueraine parmy eux, ceux qui l'espace du temps porté par leurs Loix, s'appliquent à ces soins charitables.

Par l'établissement, MES-SEIGNEVRS, de ces Aduocats & procureurs, vous bâtirez *ce Port Sacré dont parle le Prophete*, Ier. cap. 1. où la veufve & l'orphelin seront en seureté; car qui sera l'oppresseur quelque puissant qu'il soit, qui ose attaquer le foible, deuenu plus fort que luy, par le secours de ces Aduocats & procureurs, qu'on trouuera dans tous les Tribunaux du Royaume?

Toute la malice de la chicane, ne pourra renuerfer cet azile des mal-heureux, il durera à jamais, qui feroit le Roy qui voudroit le faire? & qui oferoit le luy demander? Nous le voyons par experience, depuis l'établiffement des Iuges Confuls, qui font les azilles des Marchands: Toutes les Charges du Royaume ont efté renduës venales, neanmoins ces Iuges Confuls ont efté conferuez fans y toucher au plus fort de la corruption, parce que ce font des Officiers qui s'élifent, qui ne fe propofent que l'honneur pour recompenfe, & qui donnent leurs foins au public gratuitement, fans efperance d'aucuns émolumens ny efpices.

Enfin, MES-SEIGNEVRS, vous pouvez procurer la paix à toute la France, & la procurer à vous-mefmes, vous auez des procez comme les autres, vous ne pouuez vous en exempter, vous auez le patrimoine de faint pierre à conferuer, & les droits de l'Eglife à deffendre, vous le ferez, & n'aurez point de procez fi vous voulez, par les moyens que ie diray cy-aprés au Chapitre onziéme, vous pourrez accorder ceux qui font intentez, & ceux qui s'intenteront à l'auenir, vous deuez du moins tâcher de le faire, de crainte des menaces de ce Concile terrible, qui parlant de cette matiere, traite les pafteurs d'Anathefmes, qui troublent la paix du Troupeau par leurs procez, & qui ordonnent à tous les Chreftiens de chercher la paix par la douceur, auant d'appeller fon frere au Tribunal.

Si vous prenez cette voye, les grands Seigneurs vous imiteront, & accorderont leurs procez, & ceux de leurs voifins, & de leurs vaffaux, & generalement tout le monde pourra accorder fes differens à voftre exemple: *Vos eftis lux mundi*, comme dit le Texte facré: les actions des grands, comme dit auffi platon, font écrites *auec les rayons du Soleil*, tout le monde les imite.

Quel bon-heur pour vous, MES-SEIGNEVRS

d'eſtre la cauſe de la paix generale du Royaume? Quelle joye pour vous d'eſtre déchargez de ce peſant fardeau, que vous donne le ſoin & la conduite de ces malheu-reuſes affaires de Chicane? quelle ſatisfaction pour ces grandes ames, dont l'eſprit eſt plus dans le Ciel que dans la terre, qui ſouuent ſont arrachées du pied des Autels, pour courir à la ſollicitation d'vn miſerable procez? je vous ſouhaite cette paix, MES-SEIGNEVRS & vous conjure, *auec l'Apoſtre*, de la procurer aux autres.

Approbation des Docteurs.

NOUS sous-signez Docteurs en la Faculté de Theologie à Paris; certifions avoir vû & lû vn Livre intitulé, *L'Arbitre Charitable,* *& vn moyen facile pour accorder les Procés & Querelles, sans peine & sans frais,* Composé par le sieur ALEXANDRE DE LA ROCHE PRIEVR DE S. PIERRE, pour estre ledit Livre imprimé pour vne seconde fois. Lequel Livre ne contient rien de contraire à la Foy Catholique, Apostolique & Romaine, ny aux bonnes mœurs, ains tendant à pacifier les dissensions, les Procés & les Querelles, qui causent les plus grandes ruines au temporel & au spirituel : En foy dequoy nous avons signé, ce 22. Octobre de la presente année 1667.

L. BAIL.   M. GRANDIN.

Extrait du Privilege du Roy.

PAR grace & Privilege du Roy, en datte du 29. jour de Iuin 1667. signé DENIS, il est permis au sieur de la RIVIERE, de faire Imprimer par tel Imprimeur & Libraire que bon luy semblera, vn Livre intitulé, *L'Arbitre Charitable, & le moyen de terminer les Procés promptement, sans peine & sans frais;* avec defenses à toutes autres personnes de quelque qualité & condition qu'elles soient, de contrefaire ou vendre desdits Livres contrefaits en tout ou en partie, durant le temps & espace de sept années, sous les peines contenuës en l'Original.

Registré sur le Livre de la Communauté des Libraires & Imprimeurs de Paris, suivant l'Arrest du Parlement du 23. Avril 1653. & celuy du Conseil Privé du Roy du 27. Fevrier. 1663. le 6. Iuillet 1667.

Les Exemplaires ont esté fournis.

TABLE,
Des Matieres & des Chapitres.

CHAPITRE PREMIER.

TABLE DES MATIERES

ET DES CHAPITRES.

TABLE DES MATIERES

ET DES CHAPITRES.

Ica.

CHAPITRE

LE BON CVRE' S. YVES,
PAR SON ENTREMISE CHARITABLE,
Il faisoit que dans sa Paroisse, les procez & les querelles, s'accordoient
quasi toutes á l'amiable.
Les Conciles, & les Canons, ont ordonné aux Curez. & aux Prestres,
aussi bien quaux Euêques, de trauailler à cette moisson de Paix.
Dominicis & Festis diebus, Presbyteri, ante quam Missas celebrent, interrogent, si aliqui discordantes sint,
qui inter se litem implacabile habeant, & si inuenti fuerint, statim reconcilientur. Mannet. c. 1.
Et nos Roys y ont conuié les Curez & les Prestres par leurs Loix & leurs Ordonnances,
comme on a dit au sujet des Euêques.
De his qui ad parem non reuertuntur, a Sacerdotibus ciuitatis, arguantur, &c. Capitul. addi 4. c. 31.

VOICY LE GRAND
ROY
LOVIS XIIII.
IL donne Audiance, iusques au plus pauure de ses suiets, pour terminer promptement leurs procez & differens.
Salomon, s'assit sur le Throsne, pour Iuger ces deux pauures femmes, qui plaidoient à qui seroit l'Enfant.
Vostre Monarque l'imite parfaitement, & nos grands Rois & Empereurs, Charles-Magne, entreautres, & Louis Auguste
Ils donnoient des Audiances publiques comme luy, ils sy estoient obliges par loy expresse, & l'auoient fait publier par tout le Royaume.
DE AVDIENTIA REGIS.
Hoc Missi nostri, netum faciant comitibus & populo, quod nos omni hebdomada, vnum diem ad causas audiendas, & iudicandas sedere volumus. Capitul. adde l. 4. c. 83
Et les mesmes Rois & Empereurs, ont prescrit par leurs loix pour quelle cause on doit s'adresser au Prince. Quand on sera opprime (disent-ils) ou qu'on
aura a se plaindre d'auoir esté iugé, contre les Ordonnances.
Pro quâ re in praesentiam Regis venire quis debeat, &c. Capitul. l. 5. c. 41.

M. LE PRINCE DE CONTI.
Spectateurs
LE
BON GOVVERNEVR DE PROVINCE
ET LE BON SEIGNEVR DE FIEF
M. LE PRINCE DE CONTI.
IL accordoit les procez, et querelles, dans ses gouuernemens, et dans ses Terres,
comme nos Roix lont ordonné. Capitul. L. 2. C. 12.
Ce bon Prince a leur Exemple, a aussi ordonné, que lon continuat cette sainte pratique dans ses Terres, cette Veuue illustre
quil à laissee, qui possede toutes les vertus, le fait fairre dignement.
Dans le traite quil a fait du deuoir des grands il dit aussi que les grands seigneurs sont les (hommes du prochein)
nais pour les deffendre, et leur procurer la paix. Art. 12.

LE
BON EVESQVE
SAINCT AVGVSTIN.
DANS son Diocese. Il accordoit les procez & differens; Il dit qu'il quittoit tout pour cela; que c'estoit des
fonctions la plus importante de l'Episcopat.
L'Evangile & les Peres demandent cela des Pasteurs, Philip. 3 Ioann. 14. Paul Rom. 12. cor. 1. leo. Epist. 82.
L'Eglise d'Orient a retenu cette Saincte pratique.
Les Conciles l'ordonnent à tous les Euesques. Studendum est Episcopis, vt dissidentes Fratros siue Clericos, siue
Laicos, ad pacem magis, quam ad iudicium, cohortentur. Carh. 4. c. 2,6.
Nos Roix ont passé plus avant, ilz ont exhorté les Euesques d'excommunier ceus qui refuseroient de s'accorder
suiuant ces Conciles foudroyans devorm. 15. c. 41. Agath. c. 31.
Placuit vt sicut plerumque sit quicumque odio, aut longinqua inter se lite dissenserint & in pace prouocari, nequiverint, à simulatum.
primitus Sacerdotibus arguantur; Quid si, inimicitias deponere noluerint, de Ecclesiæ cœtu iustissima ex communicatione pellatur C. ad. 4. c. 31.

LE BON CVRE' S. YVES,
PAR SON ENTREMISE CHARITABLE,
Il faisoit que dans sa Paroisse, les procez & les querelles, s'accordoient
quasi toutes á l'amiable.
Les Conciles, & les Canons, ont ordonné aux Curez, & aux Prestres,
aussi bien qu'aux Euêques, de trauailer à cette moisson de Paix.
Dominicis & Festis diebus, Presbyteri, ante quam Missas celebrent, interrogent, si aliqui discordantes sint,
qui inter se litem implacabile habeant, & si inuenti fuerint, statim reconcilientur, Nannet. c. 1.
Et nos Roys y ont conuié les Curez & les Prestres par leurs Loix & leurs Ordonnances,
comme on a dit au sujet des Euêques.
De his qui ad pacem non reuertuntur, a Sacerdotibus ciuitatis, arguantur, &c. Capitul. addit. 4. c. 31.

CHAPITRE PREMIER.

L'AVTHEVR vous auertit auant d'entrer en matiere, qu'il n'eſt ny ſçauant, ny eloquent, qu'il ne ſçait point faire de Liures, que celuy-cy n'a rien de bon que le projet & le deſſein, qui eſt excellent, s'il eſt executé.

Car du reſte les matieres y ſont mal digerées, le langage y eſt rude, & on vſe de repetitions ennuyeuſes, parce que l'Autheur n'a pas pû faire mieux. Quelquefois neantmoins il ſe ſert de ces repetitions exprés, croyant mieux perſuader ces bons Curez de Campagne, à qui il a deſſein principalement de parler ; ils ont le temps, s'ils ont la charité, de lire ce Liuret, & le mettre en pratique, pour contribuer à accorder les Procez & Querelles de leurs Paroiſſiens, & procurer la paix à leur troupeau ; comme ce bon Curé dont il eſt parlé dans cette figure.

L'Autheur en ſecond lieu, a deſſein de parler à ces paures Plaideurs, qui cherchent les moyens de terminer promptement, leurs Procez & leurs miſeres, ils trouueront icy, des moyens qui les y aideront.

Pour ces grands eſprits, qui d'vn mot croyent conceuoir toutes les propoſitions, l'Auteur a trop d'humilité, pour oſer parler à eux ; il ſçait que les grands genies, à moins d'eſtre animez de l'eſprit de charité, cherchent la delicateſſe, la force des penſées, & la beauté du langage ; que l'or pour eux mal trauaillé, ne ſeroit pas vne bonne monnoye, comme vn certain grand perſonnage autrefois, habile & eloquent, qui n'oſoit lire l'Eſcriture Sainte, de crainte d'y gâter ſon beau latin.

Neantmoins ſi ces grands Genies ſont conſtituez en dignité, & qu'ils ayent la charité de vouloir ſçauoir ce que contient ce liuret, pour feruir le prochain, qu'ils prennent la peine de lire feulement l'Epître au Roy, & aux Euefques, & la Table, cela fuffira pour eux, on y a compris toute la fubftance du liuret à deffein, pour ménager leur temps & leur peine.

Pour marque combien le projet du liuret eft bon, il faut vous dire que depuis deux ans qu'il a efté imprimé la premiere fois, il a efté traduit en trois ou quatre langues, & imprimé en diuers lieux.

Vn Miniftre Anglois, qui eftoit à Paris aupres de fon Ambaffadeur, l'a mis en fa langue, & enuoyé en Angleterre.

Vn Allemand l'a auffi traduit, & enuoyé en fon païs.

L'Ambaffadeur de Dannemarc l'a fait traduire en Danois, & en Latin, & l'a enuoyé aux Miniftres de fon Royaume.

Nos Huguenots en France, l'on fait imprimer, l'ont diftribué dans leurs Synodes, & enuoyé à leurs Miniftres, & grands Seigneurs de leur Religion, auec vne lettre circulaire, pour les conuier à le mettre en pratique : Outre les motifs de charité, ceux de la gloire de Dieu, & du feruice du prochain, ils adjoûtent qu'ils feront par là vne action tres agreable au Roy, qu'il defire abolir la chicane dans fon Royaume, qu'ils feront les premiers à l'abolir parmy eux, que cela contribuëra aux conqueftes de noftre Prince dans la Flandre, qu'on a perfuadé aux peuples de ces païs-là, que la chicane de France eftoit le pire de tous les maux, que neantmoins on l'entretenoit de crainte de pis, pour diuertir l'efprit boüillant des François, qui pourroient fe porter aux Guerres ciuiles ; que les eftrangers feront perfuadés du contraire quand ils verront le Roy, & fes Sujets, trauailler à l'aneantiffement du procés, que les Huguenots le peuuent faire plus facilement que les Catholiques, que leur troupeau, eft plus petit, & plus vny, que par-là ils maintiendront la paix parmy eux, donneront bon exemple, & augmenteront, ou du moins, conferueront leur religion : Ces motifs, leurs ont fait embraffer auec chaleur, cét ouurage de paix.

Ce Liuret a esté enuoyé par l'Autheur à tous les Euefques du Royaume, il y en a eu qui l'ont fait imprimer dans
leurs Diocefes, l'ont fait lire dans les Conferences des Ecclefiaftiques, & tous leurs Curez en ont pris, & le mettent
en pratique auec fuccez & benediction.

L'Archeuefque de Paris entr'autres, en a fait diftribuer
dans les Conferences qu'il a eftablies dans fon Diocefe, &
en a donné aux Curez des Paroiffes qu'il a vifitées. Il a efté
leu à Paris & ailleurs, en diuerfes Communautez Religieu-
fes, & on a refolu de le mettre en pratique.

Le Roy mefme fait aujourd'huy parfaitement ce que le
Liuret confeille de faire aux Euefques & aux Curez;
Sa Majefté donne Audiance à tous fes Sujets, jufques aux
plus pauures, pour terminer promptement leurs procés
& differens : depuis ce grand exemple de charité, il y a des
Euefques & Gouuerneurs de Prouince, & Seigneurs de
Fiefs, qui fe font mis à l'imiter, & tous auec l'aide de Dieu
l'imiteront, & fe fouuiendront de ce que les Ordonnances
des Princes demandent d'eux, les Peres, l'Euangile, & les
Conciles.

Quelle douleur feroit-ce aux Catholiques dans la France,
fi l'on voyoit les Euefques, les Curez, & Grands Seigneurs,
condamner la Doctrine des Huguenots, & ne trauailler pas
comme eux, à ces actions de charité, à l'accord des Procez
& Querelles de leurs freres ?

CHAPITRE II.

Qu'vn bon Curé dans noftre France, par fon entremife
charitable, fait que les Procez & Querelles
s'accordent quafi toutes à l'amiable.

EN cela, il ne fait rien, comme nous venons de dire en
la figure du bon Curé, qui ne luy foit ordonné par
l'Euangile, les Peres, les Canons, les Conciles, & les Ordonnances de nos Rois.

Nous auons parlé du Concile, qui veut que les Feftes &
Dimanches, le Curé auant de dire la Meffe, s'enquerre qui
a procez, & qu'il les reconcilie, auant d'offrir le Sacrifice.

Nous auons encore parlé des autres Conciles, qui vont
bien plus auant, car ils veulent que les Curez leurs faffent
la reprimande, & s'ils refufent de s'accommoder, que les
Euefques ayent à les excommunier : Et ce qui eft de plus
fort, c'eft que deux des plus grands de nos Rois, Charlemagne
& Loüis Augufte ont conuié par leurs Loix les Euefques & les Curez d'executer ces Conciles.

On ne les prie pas maintenant d'aller fi auant, on les prie
feulement d'exciter les peuples à la paix. La dureté des
cœurs eft aujourd'huy fi grande, & le nombre des Plaideurs
fi grand, qu'il faudroit excommunier quafi tous ceux
du Royaume, fi l'on excommunioit tous ceux qui ont
procez.

C'eft pourquoy, dans l'eftat où eft le mal, on ne demande
aux Pafteurs, finon qu'ils conuient les peuples à la paix, &
qu'ils foient les entremetteurs charitables pour accorder
leurs differens.

Ils feconderont les bonnes intentions de noftre Monarque,
qui eft le Prince le plus occupé de l'Europe, & neantmoins,
qui donne des Audiances publiques, jufques aux
moindres de fes Sujets, pour terminer promptement leurs
Procez, leurs Querelles & differens.

CHAPITRE III.

Que la plufpart des Procez & des Querelles s'accommoderont à l'amiable, fi NOSSEIGNEVRS les Euefques & Meffieurs les Curez ont la Charité d'eftre les entremetteurs.

CETTE Paix generale fe peut eftablir par tout le
Royaume, fi NOSSEIGNEVRS les Euefques,

& Meſſieurs leurs Curez ont la charité d'y contribuer : Il y en a qui l'ont déja entrepris auec vn ſuccez admirable ; il n'en coûtera ny peine, ny ſoin, ny dépenſe ; & la recompenſe ſera d'vn prix, que tout l'or de la terre ne ſçauroit payer, *les Threſors du Dieu de la Paix* (ce dit vn ancien Pere) *ſont reſeruez pour eux.*

ART. I. Il n'eſt pas beſoin de dépeindre les mal-heurs de la chicane, l'Autheur illuſtre de la vie de Henry IV. M. l'Archeueſque de Paris, les a repreſentez en deux mots, il dit (*que les plus ſtupides, les connoiſſent & les reſſentent :*) & en effet c'eſt aujourd'huy la playe la plus déplorable de l'Eſtat, pire que la lepre des Iuifs, & les ſauterelles d'Egypte ; c'eſt vn mal qui ruine le corps & l'ame, les biens temporels & ſpirituels, qui détruit les familles, qui fait mener vne vie languiſſante aux portes des Palais & Tribunaux, & enfin qui produit ces haines & animoſitez irreconciliab'es, ces blaſphemes, deſeſpoirs, & ces vengeances funeſtes, qui ſont la ſource feconde & mal-heureuſe, de cent & cent millions de pechez mortels, que les Chreſtiens aujourd'huy commettent en France. Vous le ſçauez, NOSSEIGNEVRS, du moins ceux qui font leurs viſites en perſonne, & qui trauaillent à ces Miſſions ſaintes : Les Confeſſeurs vous peuuent dire la haine des Plaideurs les vns contre les autres, leurs deſirs de vengeaance, & les fruits mal-heureux que cela produit, juſques à s'éloigner des Sacremens, & n'en vouloir point approcher pendant le procez, dont nous rapporterons cy-apres des exemples déplorables.

Vous pouuez, NOSSEIGNEVRS, & *Meſſieurs vos Curez*, remedier au mal, ſi vous auez la charité d'y trauailler. Vous le pouuez, les moyens ſont faciles que ie vais déduire, on attend cela de voſtre zele, principalement de ceux, qui animez de ce feu ardent de charité, donnent tous leurs ſoins à la conduite de leur Troupeau, qui le témoignent par ces Miſſions extraordinaires, ces Conferences, ces Viſites en perſonne par tout leur Dioceſe, ces Aſſemblées & Confrairies de charité pour le ſoulagement des

Pauures qu'on a eſtably quaſi par tout, & enfin par cent
autres actions de pieté Chreſtienne, qui les fait cherir, aimer & honorer de tout le monde.

Que ſera-ce s'ils entreprennent la guerifon de cette playe
mal-heureuſe, que la chicane fait dans le corps & l'ame du
Chreſtien, elle dépoüille le corps de ſes biens, le rend nud
& miſerable, l'ame eſt auſſi dépoüillée de cét amour &
amitié qu'vn Chreſtien doit auoir pour ſon prochain : car
qui eſt le Plaideur qui aime ſa partie? Et neantmoins *qui
odit fratrem ſuum homicida eſt Ioan. 3.* Et la pluſpart des
Plaideurs le haïſſent d'vne haine mortelle.

Vn Eueſque, vn Curé, vn Predicateur, ces Miſſionnaires
zelez, apres vn Aduent, ou vn Careſme, ou vne Miſſion extraordinaire, ne ſe trouueroient-ils pas bien-heureux, &
leur moiſſon bien ample, s'ils auoient accordé vne douzai-
ne de procez, & de querelles? & par le moyen que ie propo-
ſeray, ils en accorderont des milliers, & à l'auenir les em-
pêcheront quaſi tous, donneront la paix à leur Troupeau;
& les Eueſques ſur tout & les Curez en joüiront eux-meſmes, pourront viure ſans procez, & neantmoins conſeruer
leurs intereſts, ſans rien perdre ny relaſcher de leurs droits
ſpirituels, & temporels.

Tout cela ſe peut ſans peine, & ſans frais, & ſans rien faire de nouueau, dont perſonne ſe puiſſe plaindre ; on ne fera
que ſuiure la pratique de la primitiue Egliſe, de noſtre
France, & d'ailleurs qui eſt venuë juſques à nous. Celle
que l'Egliſe d'Orient pratique encore aujourd'huy, celle
que ſaint Paul a conſeillée, & que IESVS CHRIST meſme a commandé, enfin ce que les Rois ont ordonné à leurs
peuples, par leurs Edits, & ce que des Eueſques & des Curez pratiquent encore dans la France, auec vn ſuccez merueilleux.

Et pour faire voir que ç'a eſté la pratique de la primitiue
Egliſe parmy nous, & qu'il s'eſt trouué dans tous les ſiecles,
meſme dedans le noſtre, de grands Prelats que l'Egliſe a
canonizé, qui ſe ſont addonnez à ces Oeuures de charité, il eſt bon de rapporter icy le nom de quelques-vns

de ces Euefques charitables, dont nos hiftoires font mention.

Ils nous parlent de plufieurs, mais entr'autres, de faint Marcel, & faint Landry, Euefques de Paris.

De faint Martin, faint Gregoire, & faint Gatien Euefques de Tours.

Saint Germain Euefque d'Auxerre.

Saint Oüen Euefque de Roüen.

Saint Euverte Euefque d'Orleans.

Monfieur de Sale le confeille par tout, S. Loüis le plus grand de nos Rois l'a dignement pratiqué, il fe dépoüilloit de l'autorite Souueraine, pour prendre la qualité de mediateur charitable parmy fes fujets: Et comme nous auons dit, Charles-Magne, & Loüis Auguste le faifoient auffi, & auoient ordonné aux Gouuerneurs de Prouince, aux Euefques & Curez, de les feconder.

A r t. II. Enfin faint Yves a efté Canonizé, & tous les luges de ce Royaume, l'ont pris pour leur Patron; c'eftoit vn Curé de noftre France, il eftoit tout de feu & de zele pour fes Paroiffiens, il donnoit tout fon temps pour accorder leurs procez, & differends; Son Euefque qui eftoit vn Saint Prelat, animé du mefme efprit que luy, pour donner vne carriere plus ample à fa charité le fit fon luge, ce fut lors qu'il chaffa du Diocefe tous les Procez & toutes les querelles.

L'action la plus éclatante de fa vie, & qui a merité des Autels, eft dépeinte par [illegible] la France: on le reprefente affis dans vn Tribunal de [illegible], qui accorde vn pauure gueux couuert de haillons, auec vn homme riche: ou ne le reprefente pas, tenant fes Audiances, n'y donnant des lugemens; c'eft à dire que l'Arbitrage & l'accord, eft quelque chofe de meilleur, que les Arrefts & les Sentences. Et en effet nous le deuons croire, puis que les luges mefme ont choifi & fait peindre ce Trône d'Arbitrage, comme l'action la plus glorieufe d'vne vie fi fainte; c'eft ce qui luy a fait meriter les vœux & les prieres des pauures Plaideurs, & de tous les peuples. Voila donc l'Arbitrage fan-

ctifié, & les Mediateurs charitables, & tous ceux qui s'en
meſlent ; voila vn exemple illuſtre à tous les bons Curés,
noſtre ſaint a eſté Curé comme eux; voila vn exemple à tous
les grands Eueſques, le ſien l'a aidé & l'a dignement ſecondé;
& enfin ce doit eſtre l'exemple de tous les bons Iuges, pour
autoriſer l'Arbitrage, puis qu'i s l'ont choiſi pour leur Patrõ.

Et pour faire voir qu'il eſt facile de l'imiter, & qu'on peut
accorder à l'amiable tous les procez quaſi du Royaume, en
matiere Ciuile & en matiere Criminelle, où il n'échet pas
punition corporelle, il faut ſuppoſer comme il eſt vray, &
comme nous l'auons déja dit.

ART. III. Premierement, que les Plaideurs quaſi tous
dans le cœur, voudroient eſtre d'accord, ſi vous excep-
tez quelque furieux, auare ou vindicatif, qui oppriment
le foible, la veufue & l'orphelin.

Du moins de deux parties qui plaident, vne voudroit
la paix, la plus foible, ou la plus ſage, mais on n'oſe le
demander, de crainte que cela ne l'empeſche, car en effet,
la pluſpart du temps la partie aduerſe recule, ſe vante
qu'on a peur, dit qu'il faut pouſſer à bout, & le fait, les
Miniſtres de chicane ſont d'ordinaire de cet aduis, & les y
conuient.

De deux parties donc qui plaident, vne ſouhaite l'accord, mais elle n'a point d'Entremeteur ; voila l'homme
de bien au bord de la Piſcine, qui ſouhaite la paix, mais il
n'a point d'homme qui s'en meſle (*non habet hominem*)
s'il y en auoit vn, pouſſé de l'eſprit de Dieu, ſans intereſt
& reconnu pour tel, perſonne quaſi ne le refuſeroit ; ce bon
Curé le pratique dans vn des bouts du Royaume ; il n'y a
point de procez qui luy échappe, & qu'il n'accorde.

Sa vocation a eſté extraordinaire, il auoit vn procez grand
& animé contre les Preſtres de ſa Paroiſſe, qui luy donnoit
de la peine, il fut conſeillé de leur demander accord, & les
ſommer de conuenir d'Arbitres ; il le fit & ils y conſenti-
rent auec joye, & leur procez qui euſt duré longues années, fut terminé ſur le champ, & auec ſatiſfaction de
toutes les parties.

En

En reconnoiſſance d'vne telle grace, il promit à Dieu, &
à celuy qui luy auoit conſeillé l'arbitrage, de faire à l'auenir tous ſes efforts, pour accorder les procez des autres,
principalement ceux de ſa Paroiſſe & pour y paruenir.

Art. V. Dés qu'il en ſçait vn, il s'en va chez ſon Paroiſſien, luy dit en ſubſtance bonnement & ſimplement, qu'il
a ſceu qu'il a procez auec vn tel, qu'il ne s'eſtonne pas de
cela, qu'il faut conſeruer le ſien, mais qu'vn Chreſtien doit
ſouhaiter de le faire, s'il pouuoit, ſans eſtre obligé de plaider, parce qu'il eſt à craindre que Dieu n'y ſoit offenſé,
qu'il eſt quaſi impoſſible, qu'on ne haïſſe ſa partie, qu'on
ne luy ſouhaite du mal, qu'on ne ſe réjoüiſſe s'il luy arriue
quelque aduerſité, & qu'on doit deſirer de pouuoir conſeruer ſon bien, ſans eſtre obligé d'auoir procez, dont les ſuites ſont ſi mal-heureuſes & ſi ennemies de l'Eſprit du
Chriſtianiſme, que les Conciles ont declaré Anathêmes
ceux qui refuſent de s'accommoder, qu'ils ont deffendu
de donner la Communion à ceux qui refuſent l'arbitrage,
& ordonné de la donner à ceux qui les premiers demanderont la paix. Voicy les mots de ces Conciles, *Horum ergo
diſcordantium fratrum, nullus accedere ad altare Domini audeat,
vel gratiam communionis ſanctæ percipiat, quod ſi vnus alio contemnente ad ſatisfactionem charitatis cucurrerit, ex eo tempore,
vt pacificus intra Eccleſiam reputetur,* Tolet. 11. c. 4.

Aprés ces parolles, le Plaideur le plus animé, répond qu'il
ſouhaite la paix, il en fait ſemblant, du moins en apparence, le bon Curé continuë, dit qu'il l'a toûjours creu,
mais qu'il faut en donner des marques, que par ce moyen
on fermera la bouche à ceux qui pourroient dire le contraire, que la voye la plus courte, la plus aiſée, & la moins contagieuſe pour terminer les procez, eſt l'accord & l'arbitrage, & luy demande s'il ne veut pas bien y conſentir, ſi ſa
partie y conſent?

Le Plaideur qui eſt ſage, répond d'abord qu'il le ſouhaite, & qu'il y conſent, là-deſſus ce bon Curé luy fait ſigner
vn compromis, dont il ſera parlé cy-aprés, & dont le formulaire eſt rapporté à la fin de ce liure: il s'en va en ſuitte

chez l'autre partie; ſi elle eſt de ſa Paroiſſe, luy repreſente
en ſubſtance ce qui eſt dit cy-deſſus, ſans neantmoins luy
dire d'abord qu'il ait parlé à ſa partie, ny qu'elle ait ſigné le
compromis, il pourroit en tirer auantage, croire qu'on le
craint, & faire le renchery, on le voit par experience, il
faut vſer d'vn ſaint artifice, pour leur faire du bien malgré
eux; ſi les deux Parties conſentent de s'accommoder, le
bon Curé fait ſigner le compromis à tous les deux, & le
met entre les mains des Arbitres nommez. Ie diray cy-
aprés comme on doit choiſir les Arbitres, & le tiers, ſi on
n'en conuient à l'amiable, les difficultez qui peuuent naî-
tre, & les remedes.

Si l'vne des parties n'eſt pas de ſa Paroiſſe, il en écrit à
ſon Curé, & fait par ſon Miniſtere ce qu'il feroit luy-meſme, ſi elle en eſtoit.

CHAPITRE IV.

Ce que fait le Curé, ſi l'vne des Parties refuſe de s'accommoder.

PREMIEREMENT celuy qui refuſe l'accord, fuſt il
le plus méchant & le plus malin de tous les Chica-
neurs, il ne dira jamais à ſon Curé qu'il ne veut point d'accord, qu'il veut ſe vanger, ou deuorer le foible, perſonne
ne veut auoir vn témoin public de ſa malice, ny ſon Paſteur
pour témoin de ſon iniquité.

Il dira donc qu'il ſouhaite la paix, mais il cherchera des
éloignemens, que l'affaire n'eſt pas en eſtat de pouuoir eſtre
accommodée, qu'il n'a pas les papiers, qu'ils ſont produits,
qu'il faut auoir vn Iugement par les formes, qu'il y a des
Mineurs, ou bien, qu'il a des Conſorts, qu'il ſçaura leurs
aduis, ou autres pretextes ſemblables

Si les pretextes ſont viſiblement faux, le bon Curé leur
dit bonnement, & ſans emportement, mais neantmoins

auec force & vigueur, que le Dieu des Iustes protege les
foibles, & punit le méchant, qu'il se rit du dessein de l'auare, qu'il renuerse ses projets, qu'il a conserué *la vigne de
Nabot*, malgré tous les efforts d'vne puissance injuste, &
enfin que ce bras vangeur terrasse les plus forts, qu'il a dé-
fait autrefois ses ennemis auec vne armée de moucherons,
qu'il ne faut pour renuerser vne famille, qu'estre attaqué
par vn plus grand & plus puissant que soy, qu'il ne faut
qu'vne perte de biens, la mort d'vn pere ou d'vne mere, ou
celle d'vn enfant, & cent autres mal-heurs qui arriuent
tous les jours ; & pour conclusion que c'est effacer l'image
viuante de la Iustice Diuine, que la nature a graué dans le
cœur de tous les hommes ; (*ne fais à autruy ce que tu voudrois
ne t'estre pas fait :*) que c'est renoncer au Christianisme, &
à la loy la plus importante que IESVS-CHRIST nous aye
donnée, & montrée par son Exemple (*aymez vostre prochain
comme vous mesme*) & *faites du bien à vos ennemis :* Et enfin
que c'est demander sa condamnation toutes les fois que
l'on prononce les paroles de cette Oraison Diuine (*pardon-
donnez nous nos offenses , comme nous pardonnons à ceux qui
nous ont offensé.*

Il ne s'est point trouué de plaideur, quelque animé qu'il
fut (à ce que dit ce bon Curé) qui ait osé luy dire, qu'il ne
vouloit point d'accord, mais il cherche diuers pretextes
pour éloigner : à cela le bon Curé répond qu'on peut
tromper les hommes , mais qu'on ne peut pas tromper
Dieu, qu'il sonde le fonds des cœurs (*scrutans renes & corda*)
que s'il est vray que l'on souhaite la paix, comme on le témoigne, qu'on aye à y trauailler en esprit de Charité, pour
oster les obstacles qui l'empeschent, & l'auertir quand il en
sera temps, & qu'il y contribuëra auec joye tout ce qui de-
pendera de luy comme bon pasteur, & amy commun.

Si cela tarde, aux rencontres, il dit encore quelque petit
mot ; & aux grandes Festes interpose des amis : si le mary
fait le mauuais, on s'adresse à la femme, si la femme est animée, on s'adresse au mary, il prend son tour ; enfin ce bon
Curé m'a dit, qu'il n'y a quasi point de procez qui luy

refiſte vn an , & qu'il n'accorde : pendant ce temps-là il n'y
a guere de famille où il n'arriue quelque affliction ; perte de
biens, procez ou querelle auec plus puiſſant que ſoy, mort
ou maladie d'vn amy, ou de quelqu'vn de la famille, negligence ou malice des gens d'affaires, Aduocats ou Procureurs ; on eſt touché, on rentre en ſoy, *Vexatio dabit intelle-
ctum*, comme dit le Prophete, on ſent la main de Dieu qui
s'appeſantit ſur nous, on a recours au Ciel, & à ſon Curé,
on luy compte ſa douleur, on le prie de renoüer l'accommodement, il le fait lors facilement & ſans peine.

A r t. III. S'il y a procez ou querelle entre perſonnes ſi
éminentes ou ſi animées, que la voix du Curé n'y ſoit pas
écoutée, il écrit à ſon Eueſque, qui s'entremet & le ſeconde, auec vne charité digne du zele de ces premiers Paſteurs
de l'Egliſe naiſſante ; ce bon Eueſque leur écrit, leur enuoye ou leur parle.

CHAPITRE V.

De la maniere que ce bon Curé accorde les querelles, les haines, & inimitiez.

POVR les querelles, il les accorde quaſi toutes, & facilement, apres la premiere chaleur, quaſi tous voudroient eſtre d'accord ; il y a de la peine à haïr, à medire,
à chercher les occaſions de ſe venger, & ſouuent grande dépenſe & grands frais, principalement quand il faut faire
amas d'amis, s'atrouper, &c.

Si les querelles donc ſont de conſequence, il s'y prend
comme il fait aux procez, il leur fait conuenir d'amis. Mais
pour les autres qui n'ont pas grand fondement, il les accommode luy-meſme, on a toute creance en luy, depuis qu'il
s'eſt adonné à ces actions de charité; auparauant il ne paſſoit
que pour vn homme du commun.

Pour les haines & inimitiez, ou plûtoſt les froideurs en-

tre les parens , voisins & autres , dont la cause est souuent
legere , & neantmoins qui sont les commencemens de ces
haines irreconciliables , de ces grands procez & querelles ,
dont les suites sont dangereuses ; ce bon Curé y a trouué
le remede , il va chez eux, dit qu'il a sceu leurs froideurs,
qu'il faut se reconcilier , qu'on est Chrestien ; comment
approcher des Sacremens ? qu'on ne voudroit pas se trouuer à la Nopce auec vn habit où il y auroit la moindre ta-
che ; quand il seroit vray qu'il n'y auroit point de haine,
qu'il y a tousiours mauuais exemple ; & qu'enfin le Dieu de
paix commande, quand on seroit aux pieds des Autels,
qu'on ait *à quitter son Offrande* , & s'aller reconcilier auec
son frere.

Toutes ces querelles donc, inimitiez & froideurs sans fondement, dont le nombre est grand, se dissipent à la premiere approche de ce bon Curé , tous répondent apres auoir
vn peu plaidé leur cause, qu'ils n'ont aucune haine, qu'ils
sont tout prests de se voir & embrasser. Le lieu d'ordinaire
est chez le Curé, sa maison est, *l'Autel viuant* de paix & de
concorde.

Ces ennemis reconciliez se voyent en suite, se visitent &
se rendent seruice ; cela conuie tous les autres à suiure ce
bon exemple.

ART. III. Il est à remarquer que la premiere qualité
necessaire pour accorder les procez & querelles , c'est de
gagner creance sur l'esprit de ceux à qui on parle ; ce bon
Curé le fait dignement, il écoute leurs plaintes auec beaucoup de patience, compatit à leur foiblesse, prend part à leur
douleur, & par ce moyen gagne l'esprit, & en suite dispose
du cœur.

Ce que fait ce bon Curé , tous les autres le peuuent faire,
il ne faut pas grande capacité pour cela, ny grande éloquence ; vn peu de patience, & beaucoup de charité, Dieu sup-
pléra au reste : on le void par experience ; ce ne sont pas les
Pasteurs les plus habiles & les plus éloquens , qui font toûjours le plus de fruit ; il se sert souuent des moyens qui pa-

roissent foibles: (*de la bouche des enfans*, ce dit le Prophete,
il tire ses loüanges) Moyses faisoit des prodiges, ces miracles
dignes de la grandeur du bras Tout-puiss̄ant; & neantmoins
sa bouche begayante ne les pouuoit expliquer : & ainsi que personne ne se défie de ses forces, Dieu donne des paroles à qui
a de bonnes intentions , & puis nous dirons cy-apres, comme les Curez pourront trouuer de l'aide, & des gens qui les
foulageront *dans cette moisson de paix & de concorde.*

CHAPITRE VI.

*Si dans toutes les Paroisses du Royaume on imite ce bon
Curé & son Euesque , il n'y aura quasi plus
de Procéz ny de querelles en France.*

SI l'ordre dont nous venons de parler estoit estably dans
toutes les paroisses du Royaume , suiuant l'intention de
nos *Rois* , & *des Conciles* , il n'y auroit quasi point de procez
qui ne se terminât à l'amiable , & on dissiperoit ces haines &
animositez mal-heureuses qui les accompagnent ; la plufpart de ceux qui plaident, comme nous auons dit , voudroient estre d'acord ; il ne manque qu'vn mediateur charitable, on le void par l'experience de ce bon Curé ; d'autres
à son exemple ont commencé à en faire autant, & reüssissent auec succés , plus ou moins, à proportion de la Charité
qui les anime.

Plusieurs Euesques ont aussi commencé à establir la mê-
me pratique dans leurs Dioceses, à l'exemple de ce grand
nombre de Saints Prelats de nostre France, dont nous auons
parlé cy-deuant ; mais sur tout ils s'y sont appliquez depuis
qu'ils ont sçeu les Audiances que nostre Roy donne pour
cela, iusques aux plus pauures de ses sujets.

Nos Euesques ont bien veu que le plus grād obstacle à leurs
saintes entreprises, estoit la diuision de leur Troupeau, leurs

Brebis animées par cét esprit de chicane, ne veulent pas
seulement se rencontrer ensemble, quoy qu'il soit question
d'œuure de pieté, d'Hospitaux ou autres entreprises, à quoy
ils ont inclination ; & quoy que chacun en particulier voudroit y contribuer, neantmoins s'il y a procez, on trauersera
les desseins de celuy qui s'en mesle. Il y a cent exemples de
cela, sur tout dans les petites Villes.

Il faut donc faire tarir cette source funeste de diuision, de
haine & d'animosité ; les Euesques y sont obligez, ils sont
les Vicaires de IESVS-CHRIST sur terre ; ce diuin Pasteur
n'a rien tant recommandé que la paix (*pacem meam do vobis,
pacem meam relinquo vobis*) & apres luy le plus aimé de ses
Disciples n'a presché que cette paix, cette vnion & concorde, qui doit estre entre les Chrestiens (*Diligatis alter-
vtrum ;*) & enfin l'Eglise, suiuant les sentimens de son Es-
poux, y conuie ses Enfans,& chante tous les jours, *Extingue
flammas litium.*

ART· I. Et ainsi les Euesques qui sont les Vicaires de
ce Pasteur diuin & pacifique, ne peuuent mieux imiter son
exemple, qu'en procurant la paix à leur Troupeau ; il est
déchiré par les haines & inimitiez, que les procez y engen-
drent,leurs Brebis sont deuenuës des Loups qui se deuorent
en chicane, personne ne peut plus s'en exempter, les gens
de bien qui ne veulent attaquer personne, sont attaquez ;
on espere que la crainte, ou l'enuie de se redimer de vexa-
tion, leur fera consentir les demandes les plus injustes.

ART. II. Le Prestre, le Religieux, le Curé, les Euesques
mesme sont tirez du pied des Autels ; personne n'est exempt,
il faut tout quitter, jusques aux Sacrifices, pour courir à la
sollicitation d'vn miserable procez.

ART. III. La Noblesse ne peut plus seruir le Roy dans
les Armées, le Marchand abandonne son Commerce ; il
faut que le Laboureur quitte la culture de la terre, pour la
suite d'vn mal-heureux procez ; enfin les parens, les freres
& les sœurs s'entre-deuorent ; les enfans mesme plaident
leur pere & leur mere, les Tribunaux sont pleins de tels
procez ; & pour comble de mal-heur, ils sont longs, lents,

& ruineux, & d'ordinaire ne finiſſent qu'auec le bien, ou
la vie.

ART. IV. Ce qui eſt de plus déplorable, c'eſt la haine
& les inimitiez irreconciliables de ceux qui plaident ; & en
effet, comment eſt-ce qu'vn pauure plaideur pourra ne
haïr pas ſa partie qui le perſecute, qui le ruine, & ſous le
nom de qui on luy chante tous les jours cent injures, dans
les Eſcrits & Plaidoyers ? & à qui on ſuppoſe cent faux
faits ? ſi la crainte de Dieu nous fait reſiſter à la premiere
attaque de ces injures, on eſt ébranlé à la ſeconde, & c'eſt
vn miracle ſi on ne ſuccombe pas à la troiſiéme ; les injures
de (*Semei*) furent des fléches acerées qui percerent le cœur
du pauure Dauid.

ART. V. De dire que l'on peut plaider ſans en venir à
ces extremitez, il eſt vray que Dieu a vne fois conſerué trois
Enfans dans vne fournaiſe ardente ; mais ces miracles ſont
auſſi rares que ſurprenans, & c'eſt tenter la miſericorde de
Dieu que de s'y attendre ; il faut s'éloigner du mal, & tâcher d'en détruire la cauſe.

L'Euangile nous en donne vn bel exemple ; pendant
qu'on faiſoit le procez à IESVS-CHRIST, qui eſtoit
l'innocence meſme, les paroles d'vne ſeruante inſolente
firent trébucher Saint Pierre, (*il renia ſon cher Maiſtre, par*
trois fois, auec ſermens & blaſphemes.) Et aprés la cheute du
premier des Apoſtres, inſtruit dans l'eſcole de la patience
meſme, vn Chreſtien foible & relaſché, dira qu'il pourra
ſouffrir les injures fauſſes & calomnieuſes, dont la chicane
eſt pleine ?

ART. VI. On voit que ceux qui plaident de meilleure
foy, qui au commencement ne ſont portez d'aucune haine,
ny animoſité, ne peuuent pas empeſcher leurs Aduocats &
Procureurs d'vſer de certains termes injurieux & offençans,
& ſe ſeruir de certaines ruſes, qu'ils diſent eſtre pour le
bien de la Cauſe ; là-deſſus on s'anime, on répond aux injures ; & enfin on vient à ces haines & inimitiez funeſtes &
irreconciliables. Comment eſt-ce que le Dieu de Paix
pourra habiter dans ces cœurs animez de vengeance ?

Comment

Comment eft-ce que vos Brebis (NOSSEIGNEVRS)
pourront oüir voftre voix Paftorale, fi elles font troublées
& tráfportées de colere? Comment eft-ce que cette diuine
femence pourra germer dans les ames ; que tant de Prelats
zelez vont répandans tous les jours par cent actions de
pieté & charité confommée.　Il faut donc arracher les
Chardons, auant que de pouuoir efperer que la vigne fru-
ctifie, il faut aller à la caufe du mal, il faut couper ce sépines
auant de pouuoir efperer que voftre diuine femence produife des fruits dignes de voftre zele.

CHAPITRE VII.

*Que les Euefques, peuuent & doiuent, trauailler à accorder
les Procez & differens de ceux de leur Diocefe.*

LEs *Conciles le leurs ordonnent*, comme nous auons dit,
*ftudendum eft Epifcopis, vt difsidentes fratres, fiue Clericos
fiue Laïcos ad pacem cohortentur.* Carth. 4　c. 26.

Et fi les Plaideurs le refufent, le Concile de Vorme 4.
c 4. leurs ordonne de les excommunier. Et nos Rois, comme nous auons auffi dit, les ont prié & exhorté de le faire.
Capitul. l. 6 c. 31.

L'Euangile leur commande la mefme chofe, *Argue,
obfecra, increpa. Seruum Dei non oportet litigare.* 2. Tim. 2.

Et nos Rois pour les y animer, leurs difent par leur Loix,
qu'ils partagent auec eux les fonctions de la Royauté, &
doiuent les aider à s'en bien acquiter, principalement
pour procurer la paix à leurs peuples. Ils doiuent donc
maintenant feconder noftre Prince, qui par fes Loix & fes
Audiances, trauaille à abolir la chicane, & donner la
paix à tout fon Royaume.

Voicy ce que Charlemagne, ce grand Empereur, dit
aux Euefques fur ce fujet. *Vnufquifque veftrum, partem*

Miniſterÿ noſtri regalis, per partes habetis, &c. Et les conuie
d'appliquer leurs ſoins, afin que le peuple viue (*in æquitate
pace, & concordia*, &c. Capitul. l. 2. c. 12.

Et en vn autre endroit, expliquant les fonctions de la
Royauté, ce grãd Prince dit, qu'elles conſiſtent principalement à entendre les plaintes du pauure, & de l'orphelin,
*eſtre le Pere des foibles, & ſeruir d'œil à l'aueugle, & de pied au
boiteux.*

Audire pauperem vociferantem, & pupillum cui non eſt adjutor,
comme dit Iob. Et par conſequent le Roy, & l'Eueſque qui
partage ſes fonctions, doit eſtre (ce dit-il) *Pater pauperum,*
oculus cæco, & pes claudo. Capitul. addit. 2 c. 22.

Et ainſi, NOSSEIGNEVRS, les Eueſques doiuent
ſeconder les bonnes intentions de nos Rois, & principalement celles de noſtre Prince qui leur en donne l'exemple.
Vous le pouuez NOSSEIGNEVRS ſans peine &
ſans frais, vos Brebis vous en prient, & vous tendent les
bras ; elles ſouhaitent toutes de n'auoir point de procez, du
moins, comme nous auons dit, de deux qui plaident, vn
voudroit eſtre d'accord, le plus foible ou le plus ſage ; pour
les accorder, il ne leur faut qu'vn Mediateur Charitable ;
ſoyez-le, (NOSSEIGNEVRS) faites que Meſſieurs
vos Curez le ſoient auſſi, vous l'eſtes dé-ja entre Dieu & ſon
peuple ; ces mal-heureux procez, empeſchent maintenant
les François, de rendre à ſa Grandeur les adorations qui luy
ſont deuës : oſtez ces obſtacles, la choſe n'eſt plus difficile,
ce bon Curé a reüſſi, tous les autres en peuuent faire autant, ſes voiſins ont commencé, & reüſſiſſent. Dans Paris
meſme, il y a vn Curé illuſtre par ſa doctrine, ſa pieté & ſon
zele qui l'a entrepris, & Dieu benit viſiblement ſon ouurage ; grand nombre de nos Eueſques y trauaillent, & y ont
trauaillé dans tous les ſiecles. Le Demon perturbateur ne
ſçauroit reſiſter à leurs armes ; nous en auons vn bel exemple, d'vn Eueſque de noſtre France, qui eſt encore viuant,
dont la modeſtie m'empeſche de dire le nom, Prelat digne
du ſiecle de ſaint Paul.

Il alla trouuer vn Gentil-homme qui auoit vn procez, & vne querelle animée, contre ſon voiſin, il le pria de s'accommoder, & demanda ſa parole; ce Gentil-homme la luy refuſa, auec ſermens & blaſphêmes qu'il s'en vangeroit; ce bon Prelat tout tranſporté de zele, luy proteſta qu'il demeureroit à ſa porte, juſques à ce que Dieu euſt touché ſon cœur; & en effet, il y paſſa vne partie de la nuit, qu'il pleuuoit à torrens; ce Gentil-homme reuenu de ſa fureur, enuoya à la porte, voir ſi ce Prelat y auoit reſté, on l'y trouua; alors ce furieux entierement gagné par vn tel exemple de charité, courut à luy les larmes aux yeux, ſe jetta à ſes genoux, luy cria mercy, dit qu'il eſtoit tout preſt d'embraſſer ſon ennemy, & d'obeïr à tous les commandemens du ſaint Eueſque.

Il ne faudra pas, N O S S E I G N E V R S, de ces efforts, ny de ces actions heroïques pour accorder chaque procez; bien loin de cela, pour les terminer quaſi tous, il ne faudra ſans ny peine, ny grand ſoin, qu'imiter ſeulement ce bon Curé & ſon Eueſque qui reüſſiſſent; & ce qu'ont fait pluſieurs Prelats depuis auoir receu ce liuret.

CHAPITRE VIII.

Qu'il y a eu des Eueſques, dés qu'ils receurent ce liuret, qui le firent imprimer & diſtribuer à leurs Curez, & l'ordre qu'ils ont tenu pour le faire executer.

1°. **I**Ls le firent imprimer & diſtribuer, le firent lire dans leurs Seminaires, & dans les Conferences des Eccleſiaſtiques, & firent exhorter les Curez de le mettre en pratique.

2°. Dans leurs viſites, ils y exhorterent encore les Curez.

3°. Auant tout cela, ils les auoient conuié auſſi par écrit, & les Superieurs des Conuens de leu Dioceſe, de re-montrer fortement aux peuples, dans leur Prônes & Sermons, & ſur tout dans la Confeſſion, l'obligation êtroi-te de ce commandement diuin, fait à tous les Chreſtiens d'éuiter tout ſujet de haine & inimitié auec le prochain, & que pour cela les Conciles ordonnent aux parties de nommer des Arbitres, & ſi quelqu'vn le refuſe, veulent qu'on l'excommunie; & remontrer que nos Rois ont conuié les Eueſques de mettre ces Conciles en pratique, & ont conuié tous les Eccleſiaſtiques de les preſcher aux peuples, puis qu'il eſt dit que les plaideurs refuſans de s'accorder, *A ſacerdotibus ciuitatum arguantur, quod ſi ini-micitias deponere noluerint, à cœtu Eccleſiæ pellantur, Ag.th.c. 31. Troſſ.c.12.*

4°. Mais ſur tout ces bons Eueſques ont conuié les Confeſſeurs de perſuader fortement ces maximes à leurs penitens dans la Confeſſion.

Et pour cela les interroger, s'ils n'ont pas des procez, & s'ils n'ont pas de la haine contre leurs parties : perſon-ne quaſi ne s'en confeſſe, & neantmoins quaſi tout le monde a procez, & haine contre ſa partie.

5°. Ne leur donner l'abſolution, qu'à la charge qu'ils feront témoigner à leurs parties qu'ils ſouhaitent l'ac-cord pour obeïr aux Conciles, aux commandemens de l'Egliſe, & à l'ordonnance du Confeſſeur.

Cette pratique a accordé vn grand nombre de procez & de querelles, & en accordera tous les jours, ſi ces bons Eueſques continuent leurs ſoins charitables.

Pour empeſcher que la partie aduerſe ne tire auantage de ces offres d'arbitrages, il ſera bon qu'en meſme temps, qu'on fait ces offres par écrit, que le Confeſſeur, le Curé ou autre Eccleſiaſtique aille trouuer celuy à qui on de-mande arbitrage, & qu'on luy diſe, qu'on le fait, parce que le Confeſſeur l'a ordonné, & qu'on le prie d'en faire autant.

Vn de ces Euelques qui a eftably cét ordre dans fon
Diocefe, a dit depuis cela, qu'vn Magiftrat des premiers
du Royaume, luy auoit auoüé que rien ne l'auoit tant
touché, qu'vne fimple remontrance d'vn bon Confeffeur, fur cette matiere, & fur les obligations de fa charge;
tant il eft vray, (a foit cét Officier) que le Tribunal de penitence eft quelque chofe *d'Augufte & de terrible*, pour les
Chreftiens qui en approchent en efprit d'humilité, & de
foûmiffion.

Et plufieurs des Curez de ce bon Euefque, ont dit,
que dés le premier Prône qu'ils firent fur cette matiere,
vn grand nombre de plaideurs leurs vinrent dire, qu'ils
fouhaitoient s'accommoder, & qu'ils les prioient de les
y aider. Il fuffit que les Curez dans leurs Prônes, difent
bonnement & fimplement, que qui voudra s'accorder, s'adreffe a eux, & qu'on fera tout ce qu'on pourra
pour y contribuer, cela produira de tres-bons effets; dés
le premier jour, on le fçait par experience.

CHAPITRE IX.

*Que depuis qu'on a fceu que le Roy donnoit des Audian-
ces publiques, pour terminer promptement les Procez
& differens de fes Sujets, qu'il y a des Euefques qui
l'imitent.*

Que tous le peuuent faire & fans peine.

*Que M. le Prince de Conty le faifoit, & donnoit des
Audiances pour cela, deux fois la femaine, à l'iffuë de
fon difner.*

NOvs auons déja dit que les Euefques y font
obligez, que les Rois le leurs ont ordonné, que
(*partem Miniftery regalis, per partes habent*) que l'Euangile,
les Peres & les Conciles l'ordonnent auffi.

Si les Euefques qui ont commencé continuent, & que tous les Prelats du Royaume en faſſent autant, il n'y aura quaſi point de procez ny de querelle, qui ne s'accommode dés ſa naiſſance, cela ſe peut faire ſans peine. Voicy ce qu'vn deux fait il y a long-temps dans ſon Dioceſe, à l'imitation de ce que faiſoit M. le Prince de Conty dans ſes Gouuernemens, & dans ſes terres.

A l'iſſuë de ſon diſner deux fois la ſemaine, il donnoit vne heure d'Audience, cela ſeruoit de recreation, tout le monde y eſtoit admis juſques au plus pauure, il accommodoit les querelles luy-meſme. Pour les procez il faiſoit aux parties conuenir d'Arbitres en ſa preſence, & ſigner vn compromis, qu'il enuoyoit aux Arbitres auec priere d'expedier leſdites parties, & luy venir dire (*dans le temps qu'il limitoit*) s'ils eſtoient d'accord, & à qui il auoit tenu.

Son Secretaire faiſoit regiſtre de tous ces compromis, & leſdites parties auoient ordre, ſur tout les pauures, de ſe venir plaindre, ſi leurs aduerſaires n'executoient pas de bonne foy ce qu'ils auoient promis.

Ce bon Prince faiſoit la meſme choſe parmy ſes Vaſſaux dans ſes terres, & marchant à la Campagne dans ſes Gouuernemens.

Cét Euefque qui l'imite, en fait autant chez luy *&* dans les Paroiſſes qu'il viſite; le foible menace le violent de l'arriuée de ce bon Prelat, qu'on s'ira plaindre à luy: celuy qui ſouffre attend ſes viſites auec impatience, on ſort des Villes & des Bourgades en foule au deuant de luy, on le reçoit auec des acclamations de joye, chacun court à luy, comme au pere commun, qui donne la paix à tout le monde. Tous les Euefques peuuent & doiuent faire ce qu'il fait, & ils ſeront, cheris, aimez, & honorez comme luy.

Il eſt à remarquer que les Euefques, les Curez, Gouuerneurs & grands Seigneurs, ne doiuent jamais eſtre Arbitres, mais ſeulement Mediateurs, pour les raiſons

cy-deuant dites, & qu'on dira cy-aprés au Chapitre 15.

Ce bon Euefque a fait venir de ces liures de Paris à caufe des Figures, qui perfuadent le menu peuple, & en a donné à fes Curez.

Le Clergé a voulu payer cette dépenfe, & on l'a leuée auec les Decimes, on peut en faire autant dans tous les Diocefes, & ainfi il n'en coûtera rien aux Euefques, ny aux Curez, ou fimplement le faire réimprimer fans Figures, la dépenfe en fera moindre.

CHAPITRE X.

Des difficultez qui fe peuuent rencontrer, de la part des Euefques, des Curez, ou des Parties.

SI parmy les Euefques il y a quelqu'vn qui voulut dire n'auoir pas affez de temps pour cela, qu'il fe fouuienne que Saint Auguftin eftoit du moins auffi occupé que luy, & qu'il dit neanmoins qu'il quitoit tout pour cela, comme pour l'vne des fonctions de l'Epifcopat des plus importantes : mais l'Euangile l'ordonne (comme nous auons déja dit) les Peres, les Conciles & les Rois, & on doit leur obeir. Ces grands reuenus n'ont efté donnez par les Princes aux Euefques, que pour fe bien acquiter de leurs Charges, ces refpects encore, & ces honneurs que tout le monde leur rend, jufques aux teftes Couronnées, les doiuent conuier de fe bien acquiter de ce qu'ils doiuent pour procurer la paix au troupeau.

Pour les Curez, fi on veut dire, qu'il y en a qui n'ont ny charité, ny capacité, ny creance dans l'efprit de leurs Paroiffiens ; on leur répond, que pour la charité tous la doiuent auoir, les Euefques par leur exemple l'infpireront aux plus tiedes, les Conferences des Ecclefiaftiques,

& l'exemple des autres Curez qui s'y appliqueront auec
zele & charité.

Qu'on ne se plaigne pas du deffaut de capacité, il n'est
question que de conuier son Paroissien à la paix, & estre
mediateur pour accorder ses differens. Le Curé ne doit
jamais estre juge, quand les parties mesme l'en prieroient,
il faut demeurer neutre & simple mediateur, pour
n'estre suspect à personne.

Il ne faut donc ny capacité ny éloquence, ny grande
adresse, il faut de la charité seulement: qu'ils ne se mettent point en peine de preparer de belles harangues pour
persuader le plaideur à la paix, ses miseres le persuadent
assez. S'ils ont à parler à personnes eminentes, qu'ils ne
craignent pas, Dieu a promis de donner des parolles à
qui aura de bonnes intentions, il s'est seruy de ses Apô-
tres, pour parler deuant les Rois, & ces Apostres
n'estoient que gens grossiers, & pauures Mariniers, appellez dans l'Escriture (*l'ordure & la balieure du monde.*)
S. Paul 1. Cor.

Moïse voulut refuser l'employ que Dieu luy offroit,
parce que, disoit-il, il ne sçauoit pas parler (*nescio loqui*)
Aaron luy fut donné pour expliquer ses pensées.

Et ainsi, si le Curé veut auoir de l'aide, qu'il prenne
quelqu'vn de sa Paroisse qui soit en estime de probité &
qui soit prudent, ce Mediateur accommodera la pluspart des differens des paisans, quand ils seront de peu de
consequence: On le voit par experience dans les Paroisses où cela est estably, les parties iront au deuant, & l'en
prieront eux-mesmes, pour n'estre pas obligez d'aller chercher des Arbitres au loin.

Dans les matieres où il faudra auoir recours aux Arbitres, il sera bon de les prendre d'vne autre jurisdiction,
que de celle où l'on plaide. Sur tout, si on vouloit
nommer pour Arbitres des Iuges, Aduocats ou Pocu-
reurs de la Iurisdiction.

Mais que les Euesques ayent erigé dans leur Diocese,
le

le tribunal de la paix, les plaideurs ne craindront plus de
demander accord, & leurs parties n'en tireront point
d'auantage. On fera perſuadé qu'on le fera par principe de Religion, pour obeïr à l'Euangile & au Confeſſeur.

Outre cela ceux qui demanderont la paix, auront cét
auantage, qu'on ne pourra plus les taxer d'eſtre des Chi-
caneurs ou oppreſſeurs, puis qu'ils ont demandé accord,
& cette demande ſe doit toûjours faire par écrit, afin
que la preuue paroiſſe.

Celuy qui refuſera l'Arbitrage aprés en auoir eſté ſommé, paſſera pour vn litigieux, n'oſera ſe trouuer deuant
ſon Euêſque ny ſon Curé, ſes parens & ſes amis le blâ-
meront, & s'il vient à perdre, tout le monde s'éleuera
contre luy, & s'en mocquera; la femme meſme, & les
enfans le condamneront, du moins en ſecret & dans le
cœur: Et ainſi il y aura peu de gens qui refuſeront l'Arbitrage par la crainte de ces euenemens.

Qu'on n'apprehende pas que les bons Iuges trouuent
à redire en ces demandes d'Arbitrages. Vn Medecin
oſeroit-il témoigner auoir regret de ce que la peſte ceſſe
dans ſa Ville? Vn Chirurgien de ce que la playe de ſon
voiſin ſe guerit? Et puis ils ſçauront que ces ſommations
d'Arbitrages ſe font par principe de Religion, & par les
Conſeils & exhortations des Curez & des Euêſques. Et
qui oſera trouuer à redire dans les Ordonnances de nos
Rois, qui tous conuient leurs peuples de terminer leurs
differens par la voye d'Arbitrage? Mais ſur tout, maintenant que noſtre Prince trauaille auec tant d'application, à abolir la chicane dans ſon Royaume, juſques à
donner aux pauures ces Audiances publiques, dont nous
auons parlé.

Et ainſi qu'on demande la paix hardiment, on a déja
commencé à introduire ces maximes dans le Palais, le
premier Preſident (du Parlement de Paris, *celuy de Bre-*
tagne & de Prouence,) renuoyent deuant Arbitres tous

ceux qui le demandent, & fouuent ceux mefme qui ne le veulent pas. Ces grands hommes n'ont pour but que l'authorité du Prince, & le repos des peuples; fi les Prefidens des autres Parlemens les imitent, ils auront bien-toft écrafé la tefte de ce monftre fatal de Chicane.

CHAPITRE XI.

Que les Euefques peuuent terminer leurs Procez à l'amiable, & qu'ils le doiuent; & que neantmoins ils conferueront leurs interefts au Spirituel, & au Temporel.

S'ILS le peuuent, ils le doiuent : Nous auons déja dit que l'Euangile, les Canons & les Conciles l'ordonnent à tous les Chreftiens; mais en voicy qui l'ordonnent particulierement aux Euefques, (*Epifcopus ad forum non pergat fuæ caufæ fuffragaturus , nifi vt pauperibus oppreffis fuccurrat*, &c. Cabilo. fub Carolo c. 2.

Que les Euefques n'aillent jamais aux Palais pour leurs affaires, mais feulement pour la deffenfe du pauure & de l'opprimé.

Voicy vn autre Concile qui paffe bien plus auant, il leur deffend tous procez pour le maintien de leurs interefts temporels, quand bien mefme on les attaqueroit. *Epifcopus nec prouocatus , pro rebus tranfitoriis litiget.* Carth. 4. c. 19.

Le Concile a bien préveu que perfonne ne les attaquera, s'ils n'attaquent perfonne & s'ils témoignent vouloir s'accômoder à l'amiable, & pour cela vn autre Concile deffend de les plaider fans les auoir prié de conuenir d'Arbitres, (*Si quis erga Epifcopum, fe proprium crediderit habere negotium, non prius adeat judices, quam ad eos recurrat, vt familiari colloquio commoniti ea fanare debeant : quod fi aliter egerit , communione priuetur. Nicen. c. 27. Aurelian. 5. c. 17.*

Les Euefques font affurez que perfonne ne tombera fous cette Cenfure ; car perfonne ne fera procez à vn Euefque, fans le prier de conuenir d'Arbitres, fi on voit qu'il fouhaite terminer fes affaires par la douceur : ils n'ont donc qu'à le témoigner, & ils font affurez que dans leur Diocefe, tout le monde y confentira auec joye.

Pour le faire voir , il faut fuppofer comme il eft vray, 1. que les Chreftiens par principe de Religion, honorent, refpectent & cheriffent leurs Prelats, & fouhaitent d'eftre bien auec eux.

2. Il faut fuppofer encore, que le foible pour l'ordinaire, voudroit bien n'auoir point de procez auec le plus fort, en biens, en credit, en amis, &c. Or eft-il que les Euefques font naturellement honorez , & dans leurs Diocefes tous fe croyent leurs inferieurs ; fi vn ou deux fe trouuent auoir plus de bien qu'eux , les Euefques ont plus de credit, à caufe de tant de monde qui dépendent d'eux, au fpirituel & au temporel, & d'ailleurs ils ont d'ordinaire fupport en Cour , auprés du Prince, au Confeil, & ailleurs, ou du moins on le croit ; enfin tous les Chreftiens ont graué dans l'ame (*c'eft l'oing du Seigneur, n'y touchez pas*) *Noli tangere Chriftos meos*, & partant tous fouhaitent d'eftre bien auec eux.

Ie ne parle point des procez pour la difcipline & correction des mœurs, ceux-là font neceffaires, & c'eft vne cruauté charitable de châtier les coupables, Dieu eft auffi bon quand il foudroye, *Sodome & Gomore* , comme quand il nourrit les Ifraëlites dans le defert, *de ce pain Diuin, petry dans le Ciel.*

Ie parle donc des procez qu'ont les Euefques, ou pour des droits honorifiques contre leurs Chapitres, ou autres, ou pour des droits vtiles & temporels, pour la conferuatió du patrimoine de l'Eglife, ou pour le leur propre : Tous ces procez fe peuuent terminer à l'amiable, qu'ils

témoignent seulement qu'ils le souhaitent, tous y con-
sentiront auec joye ; & voicy ce qui est arriué depuis peu.

Vn Euesque qui auoit vn grand procez, contre son
Chapitre, & vn peu en estime de ne haïr pas la chicane,
se plaignant vn jour à vn de ses amis, qu'il estoit mal-
heureux, accablé d'affaires, qu'il les haïssoit, qu'on ne
le croyoit pas, cét amy le conseilla d'en donner des preuues, & fermer la bouche à ses ennemis, que pour cela il
eust à faire offre à son Chapitre de nommer des Arbitres,
& consigner pour le dédit telle somme qu'on voudroit,
& que cét offre se fit par des Notaires, pour qu'il en restât
vn acte authentique, que si le Chapitre l'acceptoit, dés
lors, il y auoit tréue & suspension d'armes, ciuilitez &
complaisances de part & d'autre, & esperance de Paix,
& vnion parfaite.

Art. I. Que si le Chapitre le refusoit, l'Euesque
estoit justifié vers tout le monde, que l'on diroit qu'il
auoit cherché la paix, & donné bon exemple, & le Chapitre blâmé d'estre la cause du procez. & du desordre. La
sommation se fit par des Notaires, le Chapitre accepta
l'Arbitrage, & deputa en mesme temps vers l'Euesque,
qu'on n'auoit veu il y auoit plus d'vn an: la deputation fut
solemnelle, pleine de ciuilité & d'affection cordiale, tous
les Chanoines en particulier le vinrent aussi trouuer, té-
moignerent leur joye & leur satisfaction, ce bon Euesque
répondit à leurs ciuilitez auec des larmes de joye; la
reconciliation se fit parfaite des cœurs & des esprits, les
Arbitres se nommerent, & l'affaire se termina à l'amiable.

Art. II. Vn autre Euesque auoit vn procez, pour des
droits vtiles, contre vne famille puissante de son Diocese,
il estoit aussi en estime d'aimer vn peu le procez, il se plaignoit que cette famille, leurs parens & amis le décrioient,
& sous-main luy suscitoient de mauuaises affaires; il fut
conseillé d'vser du remede, dont nous venons de parler,
de leur offrir Arbitrage, il le fit, il fut accepté; le mesme
jour il receut des ciuilitez d'eux, & en suitte ils terminerét

leurs differens à l'amiable, & depuis ce temps-là ce bon
Euefque n'a point de procez, qu'il n'offre d'abord l'Arbitrage, qu'on accepte toûjours; & ainfi de craint & redouté
qu'il eftoit, & peu aimé & honoré, il eft prefentement che-
ry & adoré; & auec raifon, parce que, comme nous auons
dit, on honore les Euefques par principe de Religion, &
qu'on les craint à caufe de leurs richeffes & authorité;
mais quand la guerre eft declarée, on fort du refpect, & on
fe porte aux injures & aux outrages: l'épée tirée, l'inferieur s'il peut, mal-traite le fuperieur.

Art. III. Vn autre Euefque fit bien plus, il eftoit Neveu,
heritier, & fucceffeur d'vn autre bon Euefque, dont les
ennemis difoient, qu'il comptoit fes procez par centaines,
qu'il en auoit en toutes Cours & Iurifdictions, qu'on le
voyoit au Palais, *comme dit le Comique, plus fouuent que le Pre-
teur*; L'Euefque fucceffeur fit publier par tout, qu'il fou-
haitoit la paix auec tout le monde, qu'il la defiroit, & con-
uioit les autres d'auoir les mefmes fentimens; Arbitres
furent nommez, & tout fut terminé par la douceur, à
moins d'vn an; il arracha la zizanie que fon bon Oncle,
ce dit-on, auoit femé pendant vingt ans, dedans fa vigne; & en effet, tous les Euefques qui voudront n'auoir
point de procez, n'en auront pas, pour les raifons que
nous auons dites, tout le monde fouhaite d'eftre bien
auec eux, il ne leur refte qu'à vouloir eftre bien auec tout
le monde. On les honore naturellement, on les craint,
& on les redoute; quand vn égal ou vn inferieur demande accord, on peut croire que c'eft par crainte, mais
quand vn Euefque le demande, on ne peut l'attribuer,
qu'à des mouuemens de bonté & de charité paternelle.

Art. IV. Pour la nomination des Arbitres; que'ques-vns
croyent que ceux des lieux ne leur font pas fauorables,
qu'ils penfent que l'Eglife a du bien affez, qu'il faut plû-
toft pancher du cofté de ceux qui ont femme & enfans:
fans m'arrefter à difcuter, fi cette penfée eft raifonnable,
je croy que Dieu n'a pas fi fort abandonné le monde, &

jamais ne l'abandonnera, qu'il ne se trouue toûjours quelque homme de bien par tout, capable de condamner son fiere, s'il a tort: Dans *Sodome* la ville du monde la plus abominable, il s'y trouua vn homme de bien.

Neantmoins on peut choisir des Arbitres hors du Diocese, des Aduocats si on veut du Parlement du ressort, & si encore ils sont suspects, à cause des differends que les Euesques ont quelquefois auec ces corps Souuerains, on peut choisir des Aduocats d'vn autre ressort; quoy que les coustumes & vsances locales soient differentes, neantmoins on évoque tous les jours des procez d'vn Parlement qu'on renuoye dans vn autre, & les Aduocats les instruisent & les consultent, & partant sont capables de les juger & decider; c'estoit l'ancienne façon, de faire juger les differends par gens inconnus; c'est encore la façon de diuerses Nations du Septentrion.

Art. V. Les Euesques donc peuuent viure en paix & sans procez, terminer à l'amiable ceux qu'ils ont & qu'ils pourront auoir cy-apres: s'ils le peuuent, ils le doiuent, outre le Cõmandement de l'Euangile & des Conciles, la paix ne vaut elle pas mieux que la guerre ? Quelle satisfactiõ a vn Euesque, & a vn grand Seigneur, d'estre mal auec ceux auec qui il a à viure ? auec vn Chapitre, par exemple, ou vne Ville, vne Communauté, & diuers particuliers, qui tous luy rendroient cent ciuilitez & complaisances sans ce malheureux procez ? & au lieu de ciuilitez, ce ne sont que haines, médisances, calomnies & cent mauuais offices, qui sont les fruits malheureux & funestes de ces gueres d'écritoire.

Art. VI. Outre cela il y faut donner tout son temps, ou les abandonner à la conduite d'Agens, Procureurs ou Solliciteurs; dépendre de leur bonne foy, & payer souuent bien cherement, les fautes de leur malice, paresse ou ignorance : Que si vn Euesque, ou autre grand Seigneur, prend soin luy-mesme de ses procez, il deuient comme vn rat de Palais, les mains toûjours pleines de paperasses, il

ne parle plus que de requeſtes, productions, griefs, con-
tredits, ſaluations, & autres mots de cette magie noire
& maligne de chicane.

Mais le pis, c'eſt qu'il y faut donner tout ſon temps, &
y perdre ce qu'il y a dans la vie de plus agreable, & de
plus precieux; les grands Seigneurs, qui ont beaucoup
de biens & en diuers lieux, ont beaucoup de procez &
en diuers endroits, s'ils veulent eux-meſmes y donner
l'ordre, tous les jours, ce ne ſont que poſtes & meſſagers,
qui partent ou qui arriuent, cent lettres qu'il faut écrire
& receuoir toutes les ſemaines, dreſſer memoires & inſtru-
ctions, chercher actes & papiers chez Procureurs, Notaires & Greffiers, & preparer tous ces outils malheureux
de cette miſerable guerre, qui ſe fait dans les Palais &
Tribunaux.

Pour comble de miſere, c'eſt icy la rouë d'Ixion, tour-
ment ſans fin & ſans eſperance qu'il finiſſe; les procez
ſont immortels en France, & principalement au Conſeil:
contre vne Sentence il n'y a qu'vn appel, mais contre vn
Arreſt, cent moyens de ſe pouruoir, Requeſte Ciuile,
propoſition d'erreur, contrarieté d'Arreſts, & cent inci-
dens en explication ou execution; *& ainſi les procez ſe ju-*
gent en France, mais ils ne ſe terminent point; les vieux ne
finiſſent point, & il s'en fait tous les jours de nouueaux;
de ſorte qu'on en eſt accablé, & il ne faut pas eſperer d'en
voir iamais la fin par les voyes ordinaires. C'eſt ce monſtre
déplorable dont parle le Poëte, dont les membres coupez
renaiſſent en meſme temps, il faut touſiours combattre,
vn ennemy vaincu, vn autre prend ſa place.

———*Vno avulſo non deficit alter.*

Miſerable occupation, où l'on emploie le plus grand
de tous les biens, qui eſt le temps; la choſe du monde la
plus precieuſe, que l'on ne peut acheter, que les Rois ny
les Princes ne peuuent donner, *qu'ils n'ont point dans leurs*

tresors, comme dit le Sage, & dont ils sont pauures aussi
bien que leurs Sujets ; mais sur tout à vn Chrestien & à
vn Euesque, à qui le temps est donné, & pour operer son
salut, & celuy des autres, à qui l'Oracle divin a dit *(Dum
temp us habemus, operemur bonum)* & qu'il menace s'il ne le fait
pas que jamais *il ne verra sa face.*

Outre cela, les Euesques se plaignent que les Iuges
leurs en veulent souuent, que les Parlemens ne sont pas
tousiours pour eux, vn homme sain n'a pas besoin de Medecin, vn homme sans procez, ne craint point les Iuges ;
il dépend donc des Euesques, de ne dépendre point des
Iuges : mais ce qui est déplorable, & qui merite d'estre
pleuré auec des larmes de sãg ; c'est que quãd vn Euesque
a des procez, il faut d'ordinaire qu'il abandonne le Troupeau, & qu'il luy donne mauuais exemple, il faut pour
leur conduite, qu'il y donne la meilleure partie de son
temps ; pour les solliciter, qu'il aille à Paris ou ailleurs ;
cependant, NOSSEIGNEVRS, qui aura soin de
vos Brebis en vostre absence ? Le Diuin Pasteur a dit, il
y a long temps, que le loup affamé rode toûjours, & veut
en deuorer quelqu'vne *(circuit quærens quem deuoret)* tan-
dis qu'on est à Paris ou ailleurs, comment y auoir l'œil ?
& neantmoins, le Troupeau vous a esté dõné par compte,
vous le sçauez, NOSSEIGNEVRS, *& vous le ren-
dreZ par compte, jusques à la dernière.* Ceux qui sont ces longues absences pourront-ils dire au Pere Eternel ce que
luy a dit ce Diuin Pasteur, dont vous estes les Disciples ?
*Voicy les Brebis que vous m'aueZ données, & ie n'en ay perdu
aucune.*

Saint Paul toûjours diuin dans ses pensées, & tout de
feu & de charité pour ses freres, n'a-t-il pas dit qu'il vau-
droit mieux souffrir l'injure & la perte des biens, que de
s'en plaindre en Iustice ? *(Quare non magis injuriam ac-
cipitis ? quare non magis fraudem patimini ?)* On n'en demande pas tant aujourd'huy, qu'on témoigne seulement
qu'on voudroit bien conseruer ses interests, par la voye de
                                              douceur,

douceur, fans eftre obligé d'en venir aux rigueurs & aux aigreurs du procez. Les Conciles foudroient anathefme contres les Pafteurs qui troublent la paix du Troupeau, par procez ou par querelle; l'Euefque n'en peut gueres auoir qu'auec ceux de fon Diocefe (*hoc fummopere elaborandum eft, vt femper inter Paftores Ecclefiarum, & gregem Chrifti, pax & concordia feruetur, &c. ita vt fi hæc negligantur, non jam Paftores, fed inter fectores, (quod abfit) Chrifti ouium inueniamur.*

Que NOSSEIGNEVRS les Euefques donc, quand ils auront procez, offrent l'Arbitrage à leurs parties, qu'ils faffent ce que des Seculiers ont déja cómencé à faire dans Paris & en diuerfes Prouinces, ce que des Euefques ont fait autrefois, & que plufieurs font encore aujourd'huy : offrez Arbitrage & de configner pour le dédit, fi vos parties l'acceptent, vous conferuerez vos interefts doucement fans peine & fans frais, & fcandale; vous conferuerez le cœur & l'affection de tous ceux de voftre Diocefe, vous en ferez vn fejour de paix, *d'vnion & de charité.*

Mais quand il arriueroit que quelque opiniaftre ennemy de fon repos refuferoit l'Arbitrage, vous aurez fatisfait au confeil de l'Apoftre & aux Conciles, vous aurez donné bon exemple, la médifance ne pourra plus vous accufer d'eftre animez de l'efprit de colere ou d'auarice ; au contraire, vos parties feront declarées ennemies de la paix, & feront *des anathemes* à tout le monde.

CHAPITRE XII.

*Les Curez & les Preſtres peuuent auſſi , & doiuent
accorder leurs procez à l'amiable.*

IL s ſont Chreſtiens, Preſtres de plus & Paſteurs, &
partant plus obligez que les autres d'obeïr à l'E-
uangile, aux Canons & aux Conciles. Il eſt defendu
comme nous auons dit, aux Euefques de ſe trouuer dans
les Palais, & mefme d'auoir procez pour du bien temporel, (*parce qu'ils ſont Paſteurs*,) la mefme defenſe eſt donc
pour les Curez.

Outre cela les Conciles, dont nous auons parlé, ordonnent aux Curez & aux Preſtres auant de dire la Meſ-
ſe, de corriger & reprendre les plaideurs & les reconcilier : Comment pouuoir le faire & auoir des procez,
qu'on ne s'eſt pas mis en deuoir d'accommoder à l'amiable ? Comment pouuoir reprendre & châtier vn crime
dont on eſt coupable ?

Le Concile, dont nous venons de parler au Chapitre
precedent, qui ordonne aux Euefques de viure en paix
auec le Troupeau, eſt auſſi pour les Curez ; ils ſont Paſteurs, & leurs procez d'ordinaire ſont contre leurs Paroiſſiens pour des droits vtils.

Il eſt juſte qu'ils conſeruent leurs intereſts, qui
ſert à l'Autel, doit viure de l'Autel ; mais qu'ils le faſſent
dans l'eſprit du Chriſtianiſme, qu'ils tentent la voye de
la douceur auant que d'entrer en procez, qu'ils faſſent
offre de conuenir d'Arbitres, & ſi leurs parties le refuſent,
(*l'anatheſme*) du Concile, dont nous auons parlé, tombera
ſur elles.

ART. I. N'eſt-ce pas vne choſe honteuſe au Chriſtianiſme, de voir des Curez qui n'ont eſté dans leurs Paroiſ-

ſes il y a des trois & quatre années ſous pretexte de la ſuite d'vn miſerable procez ; & neantmoins ils demandent à
Dieu tous les jours *ce pain quotidien*, dont les hommes ne
ſe peuuent paſſer ; ils doiuent encore ſe ſouuenir, qu'il
eſt dit d'eux (*Que le bon Paſteur connoiſt ſes Brebis, & que
ſes Brebis le connoiſſent :*) Comment le connoiſtre apres
trois années d'abſence ? l'ame & la conſcience changent
dans vn moment. Ce diuin Conducteur du troupeau
d'Iſraël pour s'eſtre arreſté quarante jours ſur la monta-
gne, le peuple idolatra dans la vallée, & neantmoins il
prioit pour luy, & traittoit auec Dieu de ſes affaires : qu'-
auroit fait ce peuple mal-heureux, ſi comme nos Curez
& nos Paſteurs on l'auoit abandonné des années entieres
pour ſuiure des procez & de la chicane ? apres quarante
jours d'abſence ſeulement, on a peine à connoiſtre la voix
de Moyſe, on a oublié ſes miracles, & on a de la peine à
luy obeïr, que luy auroit-on dit s'il auoit eſté abſent longues années pour ſes plaiſirs & ſes procez ?

Ce n'eſt pas qu'il n'y aye nombre de Curez qui ont des
procez forcez, il faut conſeruer leur bien & celuy de
l'Egliſe; mais ils doiuent imiter ces exemples illuſtres de ce
bon Curé, dont nous auons parlé, qui le premier pouſſé
par l'eſprit de l'Euangile, a demandé accord & Arbitrage
à ſa partie & l'a obtenu, & du depuis par vne grace ſpe-
ciale, & vne ſainte onction à l'exemple du grand ſaint
Yves, a entrepris cet ouurage de paix, & termine à l'a-
miable tous les procez de ſa Paroiſſe : imitez ſon exemple
Meſſieurs, vous ſerez comme luy cheris, aimez, & honorez de tout le monde, vous ſerez comme luy tous puiſſans
dans vos Paroiſſes, au ſpirituel & au temporel, tout le
monde aura confiance entiere en vous, honneur, profit
& biens en viendront; on ſçait gré à qui guerit les playes
du corps, les procez *ſont des playes, & du corps & de l'ame,*
comme dit vn ſaint Pere, que la malice des hommes &
des demons nous imprime, & enfin comme nous auons
dit, quand vn Curé aura demandé Arbitrage & qu'on

l'aura refusé, il sera estimé, & aura l'approbation des bons
& des méchans, & sa partie sera condamnée de tout le
monde.

CHAPITRE XIII.

*Les Religieux & Religieuses peuuent aussi, & doiuent
accorder leurs procez à l'amiable.*
*Qu'il y a des Communautés Religieuses qui ont pris
cette resolution.*

Art.
I.
LEs Religieux & Religieuses doiuent pour
les mesmes raisons qu'on a dit cy-deuant,
demander & souhaiter de terminer leurs procez à l'amiable : outre ce que dit l'Euangile à tous les Chrestiens, les
Conciles parlent à eux en termes plus exprez qu'aux
autres.

Celuy qui defend aux Pasteurs d'aller au Palais pour
plaider, adjouste (*hoc de Monachis, maxime obseruandum
est.*)

Vn autre leur défend d'y aller sans la permission de l'E-
uesque ; & vn autre leur defend absolument de s'y trouuer pour quelque cause que ce soit.

*Monachi ad saecularia placita nullatenus veniant, sine
consensu Episcopi sui, Magun. c.* 12.

*Monachi, ad placita saecularia nullatenus vadant. Remen.
cap.* 29.

On ne leur demande auiourd'huy, sinon auant d'intenter leurs procez, qu'ils fassent sçauoir à l'amiable leurs
pretentions, & qu'ils fassent vne sommation d'Arbitrage : ils le doiuent quand ce ne seroit que pour fermer la
bouche à la médisance ; car ils sçauent que l'on dit, qu'il
n'y a point de quartier auec eux, qu'ils sont si fort atta-
chez à leurs interests, que jamais ils ne demordent, qu'ils

tiennent pour maxime, qu'il vaut mieux que toute vne
famille periſſe que de ſe relâcher d'vn ſol de leurs pretentions; maxime qui ſeroit bien contraire à la pureté
de l'Euangile, qui ordonne pour ſoulager le pauure, de
vendre juſqu'aux vaſes ſacrez, qui ſeruent aux Sacrifices, plûtoſt que de l'abandonner; pour faire voir qu'ils
ſont bien éloignez de ces ſentimens, que la calomnie
leur attribuë, & qui dit auſſi qu'ils ne cherchent qu'vn
pretexte de procez pour ſortir du Conuent, & ſe diſ-
penſer de la Regle, qu'ils faſſent voir le contraire par ces
ſommations d'Arbitrage, ce ſera pour lors qu'on ſera
perſuadé que les palais pour eux, & le tracas du monde,
eſt vne rude épreuue, qu'ils cheriſſent leur retraite, &
leur douce ſolitude, où ſe trouuent les delices de ces ames,
qui ne reſpirent que le Ciel.

ART. II. Il y a des communautez Religieuſes qui
ont pris cette reſolution Capitulairement, de n'auoir plus
de procez en demandant ou deffendant, qu'ils n'ayent
la conſultation de trois Aduocats par écrit, & qu'ils
n'ayent auſſi offert Arbitrage par écrit; ſi tous les autres
Religieux & Religieuſes en font de meſme, ils auront la
paix, conſerueront leur bien, & fermeront la bouche aux
plaintes que tout le monde fait contre eux.

CHAPITRE XIV.

*Que les Abbez peuuent facilement accommoder leurs
differens, & qu'ils le doiuent.*

ART;
I.
POVr les meſmes raiſons que nous auons dites
aux Chapitres precedens, les Abbez, Prieurs,
& tous autres beneficiers doiuent ſuiure cette ſainte
maxime, & témoigner qu'ils veulent la paix: ne ſera ce
pas vn grand bien pour eux, de conſeruer leurs intereſts,

fans peine & fans frais? eftre déchargez de ces longs &
penibles procez, qui leur coûtent fi cher; cela leur eft
facile, perfonne ne veut auoir different auec eux, on
connoift leur pouuoir & leur puiffance, outre leur qualité, leur naiffance & leurs biens; on fçait qu'ils trouuent
fupport par tout, ils n'ont qu'à infinuer à vn Iuge, ou à
vn Rapporteur, qu'ils refigneront au fils, ou au parent,
la feule efperance les fait écouter & traiter fauorable-
ment: & ainfi qu'ils demandent accord hardiment fans
crainte d'eftre refufez; & quand quelque mal-heureux
le refuferoit, ils fe feront acquitez de leur deuoir, & fermeront la bouche à ceux qui fe plaignent qu'ils vexent
tout le monde par leur pouuoir, leur puiffance, & leurs
biens: outre cela ils y font obligez, ils font parez de la
liurée de l'Agneau, de ce Dieu de paix, ils font à fa fol-
de, & qui eft bien graffe pour plufieurs, ils doiuent donc,
du moins par leur exemple, trauailler à eftendre fon EM-
pire, qui eft tout de paix, d'vnion, & de concorde.

CHAPITRE XV.

*Que les Gouuerneurs des Prouinces doiuent leur media-
tion pour accorder les Procez & les Querelles de ceux
de leurs Gouuernemens; que plufieurs l'ont fait, &
le font encore.*

ART.
I.   **M**ONSEIGNEVR le Prince de Conty, ce
très illuftre Gouuerneur, s'en eft acquité
dignement, depuis s'eftre donné tout à Dieu, il fe donna
tout au prochain.

Il tenoit pour maxime (*qu'vn Grand, eft l'homme du prochain*) que tous ceux qui font conftituez en dignité &
authorité ne font pas à eux, qu'ils font au public, &
qu'ils luy doiuent leurs foins: voicy les termes de cét ad-

mirable Liure qu'il a compofé du Deuoir des Grands ;
Vn Grand (dit-il) *doit s'y croire plus obligé qu'vn autre Chré-*
tien, puifque par fa vocation il eft principalement l'homme du
prochain, n'eftant fait que pour luy ; pour le foulager en fes be-
foins, le confoler dans fes afflictions, le corriger dans fes man-
quemens, luy rendre juftice, le tirer de l'oppreßion, le garentir
de la violence.

ART. II. Pleût à Dieu que ces fentimens dignes de
l'Eternité, fuffent grauez bien auant dans le cœur de tous
ceux qui ont authorité dans le Royaume ! pleût à Dieu
que tous les Gouuerneurs des Prouinces vouluffent imiter les exemples & la charité de ce grand Prince ! Le
Languedoc & la Guyenne ont veu fa maifon ouuerte à
tous les miferables & mal-heureux, il alloit au deuant
d'eux, dés qu'il fçauoit vne querelle, il l'appaifoit : dés
qu'il fçauoit vn procez, comme fon efprit vif & pene-
trant en connoiffoit les effets funeftes & mal-heureux, il
prioit les Grands de nommer des Arbitres, & obligeoit
les petits d'en conuenir, il laiffoit la liberté du choix, &
ne fe referuoit que la qualité de Mediateur ; car le choix
des Arbitres doit eftre libre, comme celuy du Confeffeur
& Medecin ; on approcheroit auec crainte d'vn Arbitre
qui feroit Prince, Marefchal de France, ou Gouuerneur
de Prouince ; enfin il y trauailloit auec tant de charité,
qu'il mettoit la paix partout, & il a dit fouuent dans les
tranfports de fon zele, que fi fes infirmitez & maladies
l'empefchoient de pouuoir demeurer dans fes Gouuernemens, & rendre les feruices de charité qu'il deuoit au
prochain, auec l'affiduité qu'il defiroit, qu'il quite-
roit fes Gouuernemens pour n'eftre pas infidele à Dieu
qui luy auoit fait la grace de connoiftre quel eftoit fon
deuoir.

Nous auons déja dit au Chapitre 9. au fujet des Audiances, que des Euefques donnent pour accorder les
procez & differens de ceux de leur Diocefe, l'ordre que
ce bon Prince tenoit pour cela.

Deux fois la femaine à l'iffuë de fon difner, il donnoit Audiance comme le Roy la donne aujourd'huy, tout le monde y eftoit admis, le pauure fur tout, qui eft le plus foible, & qui a plus befoin de protection. Pour les querelles il les accordoit luy-mefme; pour les procez il faifoit aux parties conuenir d'Arbitres en fa prefence, & figner vn compromis, fon Secretaire en auoit toûjours d'imprimez. Ce bon Prince enuoyoit ce compromis, aux Arbitres qu'on auoit nommez par quelqu'vn des fiens, & les faifoit prier de dépefcher promptement les parties, & trouuer des expediens pour leur procurer la paix.

Et afin d'obliger ces Arbitres de s'y porter auec affection & diligence, il les faifoit auffi prier de luy en venir rendre compte dans vn certain temps.

Par cette voye, les Gouuerneurs de Prouince, des Villes & Citadelles peuuent accorder vn grand nombre de procez & de querelles, fans peine, fans foin, & fans frais.

Ils y font obligez en confcience, nos Loix difent, & il eft vray, qu'ils doiuent faire dans leurs Gouuernemens pour le repos du peuple, ce que le Roy y feroit s'il y eftoit en perfonne: S'il y eftoit, il donneroit des Audiances publiques, il en donne par tout où il fe trouue; les Gouuerneurs donc des Prouinces qui le reprefentent, en doiuent donner comme luy. C'eft pour cela, que ce grand Roy & Empereur Charlemagne, dit d'eux qu'ils partageoient auec luy les fonctions de la Royauté. *Partem Minifterÿ noftri regalis, per partes habent.*

Mais maintenant que noftre Prince donne l'exemple le premier, qui refufera de l'imiter & feconder fes bonnes intentions?

ART. III. Le zele de M. de Conty alloit bien plus loin, fi la mort n'euft arrefté le cours de cette belle vie, je l'ay oüy dire à ceux qui auoient l'honneur de l'approcher fouuent; il auoit deffein d'eftablir vn certain ordre dans l'étenduë de fes Gouuernemens, par lequel le moindre

crime

crime euſt eſté ſceu & puny, & par ce moyen apparemment de cent crimes prémeditez, violences & oppreſſions
qui ſe font ſur le foible, il en euſt empeſché quatre vingts
dix ; car qui oſeroit commettre vn crime prémedité, s'il
eſtoit aſſeuré qu'il fut ſceu & puny ? Qui oſeroit auoir
conſpiré contre le Roy ny l'Eſtat, ny opprimer le foible,
s'il croyoit auoir le Prince preſent deuant luy, ou le
Gouuerneur de Prouince ? Et neanmoins pour établir
ce bel ordre, il n'en coûteroit rien au Roy ny au Peuple,
& n'y auroit rien de nouueau à ordonner, le tout ſe peut
tirer de l'Ordonnance, & la façon de l'execution de ces
Royaumes d'Orient, ou la police eſt merueilleuſe.

Art. IV. Ce Prince auoit encore vn beau deſſein,
d'établir auſſi vn certain ordre par toutes les Villes de ſes
Gouuernemens, par lequel les commandemens du Roy
auroient eſté executez promptement, & auec affection ;
la police par tout tres exacte, principalement en temps
de peſte ; les Villes reparées, les édifices publics, Riuie-
res, Chemins, Ports & Havres ; mais ſur tout, on auroit
étably des Manufactures par tout, ſecouru le pauure &
banny la mendicité, ſans qu'il en euſt rien coûté au Roy,
& ſans rien ordonner de nouueau, le tout de meſme euſt
eſté tiré de l'Ordonnance. Nous deuons attendre de
voir cette belle police ſous le Regne de noſtre incomparable Monarque, qui a déja ſi bien commencé, & qui
continuë ſes ſoins pour rendre ſes peuples heureux, &
bannir cette mal-heureuſe chicane qui renuerſe tout ordre & toute police.

CHAPITRE XVI.

Que les Seigneurs des grands Fiefs doiuent accorder les Querelles de leurs Vaffaux, & eftre les Mediateurs pour accorder leurs Procez.
Que les Gentil-hommes, & fimples Bourgeois peuuent obliger leurs Fermiers d'accorder leurs differens.

LEs Grands Seigneurs le doiuent. 1. Pour le profit qui leur en viendra. 2. Pour l'honneur & la gloire, & pour gagner l'affection de leurs Vaffaux. 3. pour la décharge de leur confcience: Monfeigneur le Prince de Conty le faifoit dignement dans fes terres, comme nous auons dit, & a voulu que cela fe pratiquaft apres fa mort, je l'ay fceu d'vn Officier de fa maifon, à qui il l'a recommandé, & qui eft tout de zele pour cela. Madame la Ducheffe de Longueville a eftably cette fainte pratique dans toutes fes terres. Monfieur le Duc de Liancour y trauaille auec grand fuccés, & plufieurs autres grands Seigneurs & fimples Gentils-hommes l'ont entrepris, & reüffiffent.

A R T. I. Cela eft facile, perfonne n'ofe refufer les Grands, à caufe du bien ou du mal qu'ils peuuent faire; les vns les honorent, les autres les craignent: pour ce qui eft des Paifans & Fermiers ils n'oferoient refufer leurs Maiftres, Gentils-hommes, Bourgeois, ou autres; la plufpart leurs doiuent, & font toûjours en leur refte, il n'y a qu'à les menacer, quand ils auront procez, s'ils refufent de les accommoder à l'amiable, qu'on les fera executer le lendemain de leur refus, & n'y manquer pas. Ie connois vn Gentil-homme qui a vne terre, dont les paifans fe mangeoient en procez, & ne le payoient pas, il fut confeillé de fe feruir de ce remede, il le fit, tous

procez furent accordez en moins de trois mois, & du depuis viuent en paix, & le Seigneur est bien payé.

Mais si les païsans qui plaident ne sont pas Vassaux,
Hommes, ou Fermiers du mesme Maistre, voicy encore
ce que j'ay veu pratiquer à vn autre Gentil-homme, il
écriuoit au Seigneur ou au Maistre de qui l'autre païsan
estoit Fermier, luy remontroit qu'il auoit pareil interest
que luy, qu'il s'accommodast à l'amiable, il m'a dit qu'aucun ne l'auoit jamais refusé, chacun se rend à son interest, qu'on en fasse l'experience, la voye est douce & facile, & n'en coûte rien.

Comme le procez est vne espece de guerre, qui a pour
fondement le bien, mais qui est accompagné de haine,
d'animosité & de vangeance; & que pour se vanger on
n'épargne rien, le petit comme le grand, le Païsan, le
Laboureur, l'Ouvrier quitte tout, & donne tout pour
cela : Cependant la terre n'est pas labourée, pendant cette guerre, l'Ouvrier ne trauaille pas, & le Seigneur n'est
pas payé de sa ferme, & ainsi voilà vn pauure païsan en
proye au Solliciteur, au Iuge & Procureur de Village,
on le pille, on le volle, on luy fait des apprecis excessifs,
on luy fait payer de grandes vsures pour luy donner terme, enfin on luy fait payer en frais le double de sa ferme,
& de là, si les terres sont en recepte, voilà des non-va-
leurs, si les terres sont affermées, voilà des païsans ruinez,
les terres se décrient, & les Fermes diminuënt. Les
grands Seigneurs donc, par leur propre interest, sont obligez d'empescher les procez tant qu'ils pourront parmy
leurs Vassaux.

Art. II. Outre cela les grands Seigneurs sont obligez de rendre ces seruices à leurs Vassaux, par principe
de Religion, & de conscience; ils doiuent se souuenir
que leurs Terres & leurs Fiefs ne leur ont esté données
par les Souuerains, qu'à la charge de rendre justice à leurs
Sujets, & gratuitement, aux termes de la premiere Concession; la pluspart l'ont oublié, neanmoins il n'y a que

cinquante ans qu'ils donnoient tous des gages à leurs Officiers, & encore aujourd'huy dans les aveus que l'on rend à la Chambre des Comptes de Paris, on est obligé d'en faire mention, & cela diminuë le prix du bail, quand la terre tombe en rachat.

Tous les Seigneurs donnoient des gages à leurs Iuges auant cette mal-heureuse venalité des Charges, introduite par les Rois mal-gré-eux, & soufferte par le malheur des guerres (*pour vser des termes de nos Rois & de leurs Ordonnances*) ce qui peut estre excusable dans nos Souuerains, ne l'est pas dans les Seigneurs hauts Iusticiers, (*Salus populi prima lex esto*) c'est la premiere Loy des Princes de sauuer le peuple; si on n'a peu le sauuer sans la guerre, & cette guerre si on ne la peu faire, sans tirer argent de la venalité des Charges, la necessité sert d'excuse à nos Rois.

Mais à l'égard des Seigneurs hauts Iusticiers, les guerres n'ont pas changé la nature de la donation de leurs Terres, Fiefs & Iurisdictions; ils doiuent la Iustice gratuitement, comme ils faisoient au terme de la premiere Concession, ils n'y perdroient pas ce qu'ils croient; Supposé qu'ils tirent d'vne Office dix ou douze mille liures quand ils le vendent, sont cinq ou six cens liures de rente; l'acquereur ne se croit point obligé à son Seigneur pour cette vente, ny obligé de donner son temps & sa peine pour la conseruation & augmentation de sa Terre, & auec raison, on ne se tient pas obligé à vn Marchand pour auoir acheté de luy vne marchandise, qu'il a venduë tout le plus cher qu'il a pû; mais si les Seigneurs donnoient leurs Charges comme autrefois, ils feroient choix de personnes de condition, de capacité & probité reconnuë, qui feroient leur petit Senat domestique, dont les soins, les conseils, les avis, & la bonne conduite de leur Terre & conseruation de leur Vassaux, vaudroient bien plus que l'interest des sommes qu'ils vendent leurs Offices, cela s'est vû par experience.

Il y a bien des Seigneurs qui ont resisté à la corruption, les Ducs de Luynes & de Liancour entr'autres, n'ont jamais voulu les vendre; vn d'eux a fait plus que cela, il vint à la possession d'vne terre, où il trouua vn Iuge qui auoit acheté sa charge, il le remboursa & la donna gratuitement.

ART. III. Les Seigneurs sont responsables deuant Dieu & deuant les hommes, des malversations de leurs Officiers; ils en rendront compte, comme dit vn grand Pere de l'Eglise, *au Iour Terrible*, que ce Iuge rigoureux ne fera grace à personne; dés ce monde ils y seroient étroitement obligés, si les Loix estoient dans leur force & vigueur. L'Ordonnance rend les Seigneurs hauts Iusticiers responsables du mal-jugé, & maluersations de leurs Officiers & Ministres, Procureurs, Notaires & Sergens, & veut que les condamnations, qui interuiendront contre eux, soient executez contre les Seigneurs des Fiefs, comme leurs cautions solidaires; ç'a esté la pratique de tous les Parlemens auant la venalité des Charges, & auant que les Officiers possedassent les grandes Terres, Fiefs & Iurisdictions. L'Arrest entr'autres du Parlement de Paris est celebre, rapporté par ce Compilateur illustre M. Lotier prononcé en Robbes rouges en forme de Reglement, il est de l'an 1526.

Par cet Arrest on n'a fait que repeter l'Ordonnance, que tous les Seigneurs de Fiefs, demeureront responsables solidairement des maluersations de leurs Officiers.

ART IV. Si le Roy donc par vn Arrest du Conseil seulement, ordonnoit que cet Arrest de Reglement fust executé, & qu'en execution, les Seigneurs hauts Iusticiers fussent condamnés de mettre vn rolle du nom de leurs Officiers, Procureurs, Notaires & Sergens, au Greffe du Siege Royal d'où ils releuent, ou bien où ils sont enclauez, les Seigneurs de Fief dés le lendemain, ne feroient-ils pas vne information exacte de la capacité

de leurs Iuges & autres Miniftres? fur tout de leurs Sergens, qui peuuent eftre gens de bien; mais dont on dit que
le nombre n'eft pas grãd. Qui eft le Seigneur qui voudroit
eftre caution folidaire de la fuffifance & probité de tous
ces Procureurs, Notaires & Sergens? s'ils eftoient entrepris, tout le reuenu du Fief, ne fuffiroit pas pour payer
pour eux; maintenant on n'ofe les entreprendre, parce
que la plufpart font pauures, & qu'on a oublié que leurs
Seigneurs font leurs cautions folidaires; & quand on s'en
fouuiendroit, on craint auec raifon, que les Iuges ne
les condamneroient pas, parce qu'eux mefmes ont des
Fiefs.

Mais fi la Loy eftoit renouuellée & executée, on les
entreprendroit hardiment, le Seigneur auroit cent procez fur les bras: pour y remedier, il reduiroit tous ces
Procureurs, Notaires & Sergens, au plus petit nombre
qu'il pourroit, ne laifferoit que les plus capables, & les
plus gens de bien, & encore prendroit caution d'eux,
qui feroient autant de furueillans & controlleurs de leurs
actions fur les lieux.

Pourquoy eft-ce que les Seigneurs de Fiefs ne fuprime-
roient pas tout ce nombre monftrueux de Sauterelles qui
deuorent le peuple, dont ils ne tirent aucun profit, la
plufpart font pourueus gratuitement? Le Seigneur vou-
droit-il demeurer caution folidaire de la brobité d'vn
Sergent, qu'il ne voudroit pas d'ordinaire cautionner de
cinq fols? neantmoins on crée des milliers de ces Che-
nilles d'écritoire, à la priere du permier venu; c'eft
l'azile aujourd'huy des Faineans & Vauriens, le defordre
eft allé fi auant qu'il y en a qui ne fçauent ny lire ny écrire,
ils ont vne marque qu'ils appliquent où leur nom eft graué. Qu'on fe fouuienne que Moyfe ne fit naiftre les Sauterelles en Egypte, que pour la defolation du peuple, &
que ces productions funeftes, font des effects de la colere
du Dieu deftructeur.

Enfin fi les Seigneurs des Fiefs eftoient fortement per-

fuadez, qu'il faudra payer pour les maluerfations de leurs
Officiers, ils feroient ce qu'ils ne font pas ; ils s'informe-
roient exactement de leur probité & fuffifance, & y re-
medieroient foigneufement, du moins à l'auenir, ils auroient quelque egard à la probité & capacité, & ne ven-
droient pas indifferemment comme ils font, leurs Charges au plus offrant & dernier encherifleur.

Mais fi le Roy les obligeoit, comme il le peut, à faire
rendre Iuftice à leurs Vaflaux gratuitement. Ce feroit
pour lors, qu'ils chercheroient pour Iuges, tous les plus
gens de bien ; ce feroit pour lors, qu'ils n'auroient pas de
peine, à accorder les procez & querelles de leurs Vaflaux;
les Iuges y trauailleroient eux-mefmes, & tout de leurs
mieux, dés la premiere audiance, s'ils le pouuoient, ils
les termineroient ; car il n'y auroit point d'épices à efperer. Le Medecin charitable & gratuit, voudroit pouuoir guerir le malade, dés la premiere vifite ; le Chirurgien, qui n'efpere point de payement, voudroit pouuoir
guerir la playe dés le premier appareil.

CHAPITRE XVII.

*Que les grands Seigneurs peuuent accorder quafi tous
leurs procez, & qu'ils le doiuent.*

OVy a-t-il de plus indigne d'vn grand Seigneur, que
d'auoir des procez ; Qui a-t-il qui foit fi fort au
deffous de luy ? S'il en prend foin luy-mefme (nous l'a-
uons dit au fujet des Euefques,) le voila deuenu vn miferable Clerc de Palais, les mains toûjours pleines de papiers, qui reçoit & qui écrit cent lettres de chicane, dont
l'efprit ou le corps eft toûjours chez les Iuges, Aduocats ou Procureurs; qui fouffre cent indignitez & rebufades; qui fouffre cent outrages & humiliations, dans

l'efperance de gagner vn miferable procez, qu'ils n'auroient garde de fouffrir pour gagner le Ciel.

Pendant cette guerre honteufe & penible, il faut renoncer aux plaifirs du corps & de l'efprit, il ne faut plus
fonger à la chaffe, aux promenades, aux vifites, à l'en-
tretien des amis ny des liures, les jours & les nuits font
trop courtes pour cette mal-heureufe guerre d'écritoire:
Ils ont donc grand intereft de la terminer, ils le peuuent
fur tout dans le commencement, la plufpart de leurs procez dans leur naiffance, fe pourfuiuent fans haine ny ani-
mofité, par des Agens & Solliciteurs, comme les Rois
font la guerre par leurs Lieutenans; fi d'abord donc on
demande accord, la partie aduerfe y confentira, la pluspart font parens, alliez, ou amis, & continüent à fe voir
nonobftant leurs procez; mais quand on vient à la faifie
du Chafteau, & à la vente des terres; tout Commerce
ceffe, les grands fe haiffent comme les petits, & on fe
déchireroit à belles dents; c'eft pourquoy l'accord eft
plus facile auant qu'on en foit là, & ainfi tout le pluftoft
qu'on pourra, mefme auant le procez intenté, fi on peut,
qu'on declare fes pretentions, & en cas de conteftation,
qu'on offre de nommer Arbitres, & configner pour le dedit: le refufant apres cela, quoy qu'il luy arriue, perte, ruine, vente de terre, &c. ne peut plus fe plaindre de
fa partie.

Si le demandeur n'a pas offert Arbitrage, que le defendeur le faffe, le pluftoft c'eft auffi le mieux, comme nous auons dit, & neantmoins dans toute la fuite du
procez; on le peut faire, on a veu fouuent des procez
accordez, qu'on auoit commencé à rapporter; que cette
demande fe faffe toûjours, quand on pourra parlant à la
partie par des Notaires plus croyables que des Sergens,
qu'on entremette en outre gens d'honneur, perfonnes
amies & charitables; qui ne parle qu'à vn Procureur,
Solliciteur, Agent ou Intendant, parle fouuent au loup
de conferuer la brebis.

Si

Si les grands Seigneurs ne prennent soin eux-mesmes
de leur procez, leurs maisons souuent sont ruinées; si on
les abandonne à des Agens, Intendans ou Solliciteurs,
la dépense est immense; outre cela on est exposé à leur
paresse, ignorance, malice, ou infidelité : combien par là
de maisons ruinées, cent exemples déplorables de cela,
par tout le Royaume.

On void donc l'interest, qu'ont les grands Seigneurs de
n'auoir point de procez, & tâcher de les terminer à l'a-
miable ; cela leur est facile : ils plaident contre leurs inferieurs, égaux ou superieurs; si contre leurs inferieurs, ils
n'ont qu'à demander accord, on y consentira auec joye,
le foible souhaite la paix auec le plus fort.

S'ils ont procez auec leurs égaux, ou superieurs,
cela leur est encore aussi facile, nous venons de le dire.

ART. I. Mais pour obliger leurs Intendans, Agens
ou Solliciteurs, d'entrer entierement dans leurs interests,
souhaiter & trauailler pour les exempter de procez, il faut
imiter vne belle inuention trouuée par vn grand Seigneur.
A son Advocat & Procureur, il bailloit certains gages re-
glez par an, à la charge de le tenir quitte de tous frais de
procedures, & leur bailloit en outre vn certain present re-
glé à vne somme pour chaque procez, qu'ils luy acccor-
doient, par ce moyen ils n'auoient garde de refuser l'Arbitrage, ils estoient les premiers à le demander, & trauail-
loient à la paix auec autant d'ardeur, que plusieurs de ces
soldats de chicane, trauaillent maintenant à tirer la guerre en longueur.

A son Intendant outre ses gages ordinaires, il donnoit
encore certains presens à proportion des autres bons seruices qu'il luy rendoit, & le recompensoit largement,
s'il faisoit quelque chose d'vtile & de profitable pour la
maison; à moins d'estre reconnoissant & payer liberale-
ment, on n'aura jamais de seruiteurs fideles & affectionnés, on se payera par ses mains, le Poëte l'a dit il y a long-
temps (*Les Dieux n'auroient point d'adorateurs, s'ils n'e-
stoient reconnoissans.*)

G

Mais il arriue fouuent que les grands Seigneurs croyent eſtre des diuinitez , à qui tout eſt deu ſans rien deuoir , la flatterie leur a perſuadé que tout le monde eſt fait pour eux , & qu'à riue-t-il à ces gens-là ? on les pille, on les volle, ou du moins on abandonne & on neglige leurs affaires ; tout va en deſordre, & tout perit, les maiſons ſont ſaiſies, & venduës, *la bonne peſche ſe fait en eau trouble* : que faut-il donc faire pour les auoir fideles & affectionnés ? faire ce qu'a dit l'Oracle (*pour eſtre aimé il faut aimer*) pour eſtre bien ſeruy, il faut bien payer. Ce Diuin Pere de famille recompenſa les ouuriers de la vigne qui n'eſtoient allez qu'au ſoir, comme ceux qui y eſtoient allez le matin, & la raiſon, parce qu'ils auoient trauaillé auec plus d'affection & d'adreſſe, & que ce peu en apparence, profitoit plus, que le long trauail des autres.

Quand les grands Seigneurs imiteront ce ſage Pere de famille , ils ne manqueront point de Seruiteurs fidels & affectionnés , on ne cherchera point à leur ſuſciter des embarras, ny empeſcher que leurs procés s'accordent à l'amiable. Enfin que les grands Seigneurs imitent cette ſainte reſolution qui s'eſt priſe à Paris, par des perſonnes de condition , & d'eminente vertu , qui ont reſolu de n'auoir plus de procez, qu'ils n'offrent à leur partie de les terminer à l'amiable, de nommer des Arbitres, & conſigner pour le dedit. Il s'en termine tous les jours vn grand nombre par cette voye, comme nous auons dit, qu'en en faſſe l'experience , on en tirera du moins cet auantage, qu'on aura cherché la paix ; & ſi apres cela il faut faire executer, empriſonner , ſaiſir ou vendre ; ny les égaux ny les inferieurs, ne ſe pourront plaindre, qu'on eſt accablé par les amis ou par la puiſſance.

Mais ſur tout qu'on faſſe cette demande d'accord par principe de Religion, parce qu'on eſt Chreſtien , parce que l'Euangile l'ordonne & les Conciles, qui defendent meſme *la Communion* à ceux qui le refuſent.

CHAPITRE XVIII.

Que les Officiers, gens de bien, peuuent & doiuent accorder leurs procez.

.Art. I. ILs fçauent tous, ce qu'on dit d'eux, que la Soutanne eft la plume de l'Aigle, qui deuore les autres ; que leur voifinage eft celuy du Loup, leur focieté celle du Lyon, qui veut tout auoir ; qu'il n'y a point de fucceffion en feureté où vn Iuge a intereft, qu'il veut auoir vne portion, parce qu'il eft heritier, qu'il veut en auoir vne autre, parce qu'il eft Officier, & enfin qu'il veut tout auoir, parce qu'il eft le plus fort.

Ils fçauent encore que l'on fe plaint, qu'à la Campagne, il n'y a ny Pré ny Vigne auprés de leurs maifons, qui foit en feureté, qu'ils font grace à la veufue & à l'orphelin, quand ils fe contentent de partager auec eux la fucceffion où ils n'ont aucun intereft ; ces plaintes fouuent font des calomnies, mais les bons Iuges peuuent facilement fermer la bouche à la médifance ; il n'y a qu'à faire offre à fa partie de conuenir d'Arbitres, & configne. pour le dedit ; fi la partie l'accepte, voila vn procez promptement terminé fans peine & fans frais ; fi la partie le refufe, voila le Iuge à couuert de ces declamations ordinaires, qu'on eft opprimé par fa puiffance, par fon credit, & fes amis.

Ils font affeurez, que perfonne ne refufera l'Arbitrage auec eux, ny leurs égaux, ny leurs inferieurs, ny leurs fuperieurs ; quoy que fuperieurs en naiffance, en qualité ou en biens, tous fe tiennent inferieurs à vn Iuge en matiere de procez, c'eft jouër auec luy *dans fon Tripot*, comme dit le Prouerbe commun, c'eft auoir pour Iuges fes Confreres, tous fe tiennent par la main, d'vn bout du

Royaume à l'autre ; c'eſt la cauſe commune (*Frater noſter eſt*) tous y ont intereſt, de faire craindre ceux du meſtier, & faire redouter ceux de la profeſſion.

Les inferieurs donc n'ont garde de refuſer de s'accommoder auec vn Iuge, ils le conſiderent comme le Cyclope qui les peut deuorer, leur propoſition de paix, ſera receuë, comme ſi vn Ange l'apportoit du Ciel.

Pour les égaux, s'ils ſont Iuges, & de meſme meſtier, ils ont meſme intereſt de ſouhaiter l'accord, ils ſçauent mieux que perſonne les peines, les tourmens de corps & d'eſprit d'vn pauure plaideur ; pour eux ſur tout, quand il faut quitter la maiſon & l'exercice de la charge, qu'au lieu de ces profits, ces honneurs, & ces reſpects, qu'ils trouuent chez eux, il faut aller au loin, faire dépenſe, & ſouffrir rebufades & humiliations, comme les autres miſerables plaideurs.

Et ainſi, ſi vn Iuge veut, il n'aura quaſi jamais de procez ; ſes inferieurs, comme nous auons dit, ſes égaux, & ſuperieurs, ſouhaitent tous d'eſtre bien auec luy, du moins perſonne ne cherche à y eſtre mal.

CHAPITRE XIX.

Que les Inferieurs & les Foibles, peuuent d'ordinaire accorder les Procez qu'ils ont auec plus puiſſans qu'eux, & qu'ils le doiuent.

ILs le doiuent, quand bien ils ſeroient aſſeurez d'obtenir par procez plus que par accord, vn grand Seigneur qu'on empriſonne, ſes reuenus qu'on arreſte, ou ſes terres que l'on vend, il ne l'oublie jamais, on s'en ſouuient, comme dit le prouerbe, juſques à la centiéme generation, & on cherche à s'en vanger ſur l'Autheur, ſur les Enfans, ou les Parens.

Quand vn grand Seigneur seroit dépoüillé de tous ses biens, la naissance luy reste, & ses parens & ses amis, qui prennent part en sa ruïne, & s'en vangent tost ou tard, ils ont les bras longs, & cent moyens pour faire mal, comme cette femme irritée du Poëte, (*Mille nocendi artes.*)

Si l'Inferieur est deffendeur, & attaqué par vn grand Seigneur, d'ordinaire il est poursuiuy par Agents, Soliciteurs, ou Procureurs d'Office, il s'en trouue nombre de ces Messieurs qui sont gens d'honneur & gens de bien ; mais neanmoins de crainte de se méprendre, qu'on s'adresse directement au Seigneur, qu'on luy écriue : voicy ce que j'ay veu souuent reüssir ; que le Seigneur soit dans le païs ou absent, il est toûjours bon de luy parler par écrit, (*car on a peine à les approcher, & auoir audience paisible*) luy exposer par lettre, qu'en son nom on luy a fait vn tel procez, qu'on l'honore trop, pour vouloir auoir contestation auec luy, mais comme il est juste & equitable, & qu'il ne voudroit pas accabler le foible, qu'on le prie de nommer des Arbitres, que l'on fait offre de consigner pour le dédit, que pour y paruenir, on a fait signifier ces offres à son Procureur, mais de crainte qu'on ne luy en donne pas aduis, qu'on luy enuoye copie de ses offres.

Qu'on mette cette copie dans le pacquet auec la lettre, que la lettre soit la plus courte qu'on poura, qu'on la fasse tenir en main, de crainte qu'elle ne tombe en celles de ces Messieurs qui ont interest, que les procez ne s'accordent pas, ils pourroient preuenir l'esprit du Maistre. Que le Seigneur donc soit sur les lieux ou absent, qu'on luy écriue directement, la pluspart quand ce ne seroit que par curiosité ils ouurent leurs lettres & pacquets ; & deuroiët les lire, & non pas s'en rapporter à leurs gens, comme font la pluspart ; car cela empesche qu'on n'ose leur dire ny écrire la verité, & deuiennent les statuës, dont parle le Prophete (*aures habent, & non audient, oculos habent & non videbunt*) ils ont des yeux & des oreilles, & ils ne voyent ny n'entendent, & ne donnent ordre à rien ; tout

G iij

eſt en confuſion chez eux, tout le monde le ſçait, il n'y a qu'eux à l'ignorer.

Pour acheuer, que la lettre que l'inferieur écrira au grand Seigneur ſoit courte, comme nous auons dit, car il l'aura plûtoſt leuë, qu'il n'aura appellé ſon Agent ou Solliciteur pour la lire, quand il aura conceu l'affaire, & qu'il y va de ſon honneur & de ſa conſcience, de ne ſouffrir pas qu'en ſon nom, on accable le foible qui demande accord, il donnera ſes ordres, & ſes Agens n'oſeront y contreuenir. I'ay veu nombre de procez terminez de la ſorte, & la pluſpart ſe termineront, ſi le foible prend cette voye.

Et en effet, comment eſt-ce qu'vn grand Seigneur, Duc, Marquis, ou autre, qui eſt plus puiſſant que ſa partie, oſeroit auoir refuſé d'accorder auec le foible, qui l'en prie, qui offre de payer ou faire tout ce que les Arbitres ordonneront? ſi le grand Seigneur refuſe, il paſſe pour vn homme qui ſe laiſſe gouuerner à ſes gens d'affaires, ou bien pour vn meſchant, qui veut deuorer le pauure, *& s'engraiſſer*, comme dit vn Ancien, *de la ſub-ſtance du mal-heureux*, ce que les plus meſchans ne veulent pas que l'on croye d'eux.

Si vn Eueſque par exemple ou vn Curé eſtoit prié par quelqu'vn d'accorder à l'amiable, oſeroit-il le refuſer? S'il eſtoit poſſible qu'il y euſt des Paſteurs ennemis de la paix, qui aimaſſent le procez, oſeroient-ils refuſer de conuenir d'Arbitres s'ils en eſtoient ſommez? Apres cela comment pouuoir preſcher cette paix, cette vnion & amitié, qui doit eſtre entre les Chreſtiens? Comment la pouuoir conſeiller en particulier ny en public, dans les Conferences ny dans les viſites? Comment pouuoir prononcer ces paroles Diuines dans le plus Auguſte de nos Sacremens (*Pax tecum;*) Comment ſouhaiter la paix au Troupeau, & le déchirer par le mauuais exemple, & par ces haines & inimitiez funeſtes qui accompagnent la chicane? Ne ſeroit-ce pas pour lors qu'on

pourroit dire auec le Concile que ces Euefques, Curez &
Pafteurs, feroient deuenus Anathêmes? *Et interfectores
Chrifti ouium.*

De mefme, fi le foible demande accord à vn Iuge,
le pauure à vn homme riche, comment pourra-t-on le
refufer? Cette fommation d'Arbitrage fera vn pretexte
de declamer contre eux, & fera impreffion ; que le
procez n'eft qu'vn pretexte pour dépoüiller le pauure,
on n'oubliera pas dans cette declamation de décrire la
vie & les actions de l'Officier, ou de l'homme riche
& puiffant refufant arbitrage , ce fera le commencement & la fin des plaidoyers, des efcrits, & follicita-
tions, & ainfi peu le refuferont; C'eft pourquoy fi le
grand Seigneur, fi l'Euefque, fi le Iuge, fi l'Homme
riche ne demande le premier l'Arbitrage, que le foible
ne manque pas de le demander, qu'on en faffe l'épreuue, & on verra que cela reüffira, j'en ay veu fouuent l'experience.

Outre cela, fi le foible, ou le fage qui fouhaite
l'accord , eft affez mal-heureux pour eftre dans vne
Paroiffe, Euefché, ou Prouince, où les Curez, Euefques ou Gouuerneurs, ne donnent point d'Audiances à
l'exemple de noftre Prince, & ne trauaillent pas à feconder fes bonnes intentions; que celuy qui cherche
la paix, interpofe perfonnes amies auprés de ces Meffieurs, & leur fuggere les moyens & les expediens, cela
les obligera d'agir malgré eux; on eft heureux d'eftre
jetté au port, quand ce feroit par vn ennemy.

CHAPITRE XX.

Que les égaux doiuent auſſi s'entre-demander acccord, que le plus ſage le demandera le premier, qu'il n'y a plus de honte à cela, ny marque de crainte, depuis qu'à Paris des Perſonnes éminentes en qualité, en vertu, & en merite, le pratiquent, ſuiuant l'Euangile & les Conciles.

L'Accord entre les égaux eſt plus difficile, qu'entre les ſuperieurs ou inferieurs, on eſt ſur la demarche, à qui fera le premier pas, quoy que ſouuent les deux parties le ſouhaitent, comme nous auons dit, on n'oſe le témoigner, de crainte que la partie aduerſe n'en tire auantage, ne ſe vante qu'on a peur, que l'on crie mercy, & il eſt vray que juſques à preſent cela eſt arriué ſouuent; mais d'oreſnauant cela n'eſt pas à craindre, apres l'exemple de ces Illuſtres Chreſtiens, de ces Meſſieurs de Paris, qui ont formé cette ſainte Reſolution ſuiuant le conſeil de l'Apoſtre & des Conciles, de ne point traduire ſon frere au Tribunal, qu'auparauant il ne luy ait demandé la paix & l'accord à l'amiable.

Quand on ſera perſuadé que cette demande a pour fondement la charité, & la pureté de l'Euangile, que ce n'eſt point vn effet de la peur ny de la crainte, perſonne n'en tirera auantage, au contraire, la pluſpart d'abord ſe rendront à vn ſi grand exemple d'humilité & charité Chreſtienne, on en void l'experience dans Paris, & dans les Prouinces où l'on a commencé cette ſainte pratique.

Art. I. Cependant quand il arriueroit que des gens tranſportez de colere ou de vengeance, ou aueuglez par

leurs

leurs intereſts, refuſeroient d'abord l'accommodement, la demande en ſera toûjours auantageuſe à celuy qui le premier l'aura faite   1. Il aura fermé la bouche, comme nous auons dit, à toutes ces declamations, que le deſſein eſt d'opprimer par la puiſſance, l'autorité, ou les biens; ſur tout, nous nous ferons acquitez de ce que noſtre conſcience demande de nous, de ce que l'Apoſtre nous conſeille, de ce que le Dieu de Paix nous commande; apres cela laiſſons luy hardiment les ſoins de nos intereſts, de noſtre honneur & reputation; s'il eſt Dieu de Paix, il eſt Dieu de vengeance, ſon bras n'eſt pas racourcy, il ſçaura nous defendre (*Deus vltionum Dominus.*)

Neantmoins comme Dieu ſouuent ſe ſert du Miniſtere des Anges & des Saints, pour operer ſes merueilles. C'eſt icy où NOSSEIGNEVRS les Eueſques, & Meſſieurs les Curez, doiuent trauailler dauantage, à deraciner cette fauſſe maxime, & par leur parole, & par leur exemple, qu'il eſt honteux à vn Chreſtien de demander accord, de vouloir bien viure auec ſon prochain, de vouloir viure en paix icy bas, auec celuy que nous deuons ſouhaiter d'auoir dans le Ciel, pour compagnon de la gloire. C'eſt à quoy les Confeſſeurs & Predicateurs doiuent trauailler dauantage; nous auons ſujet de tout eſperer, du zele & de la charité de nos Eueſques, dont la vie eſt toute exemplaire, qui nous choiſiſſent des dignes Curez, qui animent par leur exemple les Confeſſeurs & Predicateurs, & ce grand nombre d'Ordres de Religieux illuſtres en doctrine & en pieté: Si cette ſainte Milice, ſi cette Armée nombreuſe de tant de gens pacifiques, declarent la guerre au procez, la deſtruction en eſt aſſeurée.

Si chaque homme d'Egliſe n'accordoit qu'vn procez par an, combien de milliers eſt-ce qu'on en accorderoit? ils le peuuent, les moins capables & les moins intelligens, Preſtres, Religieux & Religieuſes, qu'on ne ſe rebute pas, qu'on en parle ſouuent & prudemment, on

H

trouuera le moment que le malade mesme, souhaitera la guerison.

Vn seul Missionnaire, animé de cet esprit de Paix, dans ses Missions, les accorde à centaines, mais voicy la sainte ruse, dont il se sert, quand il les void touchez de la douleur du peché; s'ils ont des procez, il leur represente que cette source mal-heureuse & feconde, a esté la cause funeste d'vn grand nombre qu'ils ont commis, & qu'apparemment ils commettront encore, si le different ne s'accommode à l'amiable; pour cela il leur fait conuenir d'Arbitres, & signer vn compromis, pareil à celuy qui est à la fin de ce Liuret, dont il a toûjours des Copies imprimées, & apres cela, il les fait embrasser, & ennoye ce compromis aux Arbitres : car autrement la Mission finie, la ferueur passée, on retourne au procez, & à tous les desordres qui les suiuent, cent exemples de cela.

Enfin, il n'y a point de Curé, s'il a la charité de s'y appliquer, qui ne puisse du moins contribuer à accorder quinze ou vingt procez par an. Si les Pasteurs sont gens de bien ils en accorderont vn bien plus grand nombre; car ils ont des Amis, des Penitens, tant de personnes malades & dans l'affliction, qui suiuent leurs conseils; & neantmoins quand chacun n'en termineroit, comme nous auons dit, que quinze ou vingt par an. Il y a plus de trente mille Paroisses dans le Royaume, ce seroient plus de *six cens mille Monstres d'étouffez*, qui produisent ces desolations, que tout le monde connoist parmy le troupeau du Seigneur, & qui le défigurent.

On peut donc hardiment entreprendre ce saint Ouurage, nous sommes au siecle de la Paix, nostre Inuincible Monarque trauaille il y a si long-temps, & auec tant d'application à cette reformation de la chicane, que tous ces peuples souhaitent auec tant de passion, & luy mesme donne ces Audiances publiques pour cela; & pour conuier les Gouuerneurs, les Euesques, & les Curez à feconder ses bonnes intentions.

CHAPITRE XXI.

La façon de choisir les Arbitres , des difficultez qui peuuent s'y trouuer , & des remedes.

ART. I. CHACVN doit choisir son Arbitre, nous l'auons dit ailleurs ; quand vn autre les nomme, on n'a pas en eux, la confiance qu'on a, en ceux qu'on a choisis. L'Arbitre, outre qu'il doit juger , il doit persuader, qui est le principal , & pour cela il faut qu'on ait toute creance en luy ; c'est pourquoy les Mediateurs, grands Seigneurs ou autres, ne doiuent jamais nommer les Arbitres ; c'est ce que faisoit tres-excellemment ce tres-vertueux Prince Monsieur de Conty , il auoit puisé ces maximes dans l'Histoire Sacrée ; elle nous dit que Dieu commanda au peuple, par la bouche de Moyse, qu'il eust à choisir ses Iuges. *Iudices constitues in portis tuis.*

ART. II. On doit choisir des gens de probité & capacité reconnuë ; mais la probité sur tout est la plus necessaire, sans cela peu d'accommodemens reüssissent, sans ce principe de charité , on n'a pas la patience d'écouter les longues plaintes des Parties, qui en apparence ne font rien au fonds de l'affaire, & neantmoins , qui souuent le décident ; car par ce moyen l'Arbitre s'insinuë dans l'esprit du plaideur, gagne creance , & en suite, en dispose & le persuade.

3. Il faut conuenir d'vn tiers, apres auoir nommé chacun son Arbitre : si les parties n'en peuuent tomber d'accord à l'amiable, le Mediateur fera vne liste de huit ou dix personnes du canton qui sont plus en estime, fera deux copies de cette liste , en baillera vne à chacune des parties, qui marquera d'vne Croix à la marge, ceux qui

luy feront fufpects, & au bas mettra ces mots, *I'ay pour fuſpects ceux que j'ay croiſ*, puis rendra la liſte au Media-teur; il eſt quaſi impoſſible de huit ou dix perſonnes en eſtime de probité, que tous ſoient recuſez, quand il n'en reſteroit qu'vn qui ne le ſeroit pas, il ſeruira de tiers, s'il en reſte deux ou trois, ou plus grand nombre, le Media-teur le dira, & écrira leurs noms en des billets ſeparez qu'il montrera & mettra dans vn Chapeau en preſen-ce des parties, & les fera tirer au ſort.

ART. 4. Quelquefois on ne veut pas conuenir d'Ar-bitres ſur les lieux, ny du reſſort du Parlement où l'on demeure, & peut y auoir raiſon pour cela; j'ay veu vn Officier de Compagnie Souueraine qui fit vn procez, à vn autre qui auoit eſté Officier, & ſon Confrere, mais qui ne l'eſtoit plus, ce dernier euoqua, le premier qui eſtoit le demandeur, rechercha accommodement, l'autre y conſentit, à condition qu'on prendroit des Aduocats pour Arbitres du Reſſort d'vn autre Parlement que ce-luy où ils eſtoient, parce que le demandeur eſtoit Offi-cier, & partant conſideré dans toute ſa Prouince, & que le défendeur ne l'eſtoit plus; les Arbitres des lieux n'auoient pû les accorder, ceux d'vn autre Reſſort les accorderent.

Quand il arriuera donc quelque difficulté ſemblable, voicy comme l'on pourra faire: tous les Aduocats en France, de quelque Parlement que ce ſoit, ſont capables de juger toutes ſortes de queſtions, de fait & de droit, ou de Couſtume, quand le Factum eſt bien dreſſé, ou le Procez bien inſtruit; on le voit par experience, comme nous auons dit ailleurs, on euoque tous les jours des procez d'vn Parlement qu'on renuoye dans vn autre, ils y ſont inſtruits, & jugez.

Le Mediateur donc, fera conuenir aux parties, ou tirer au ſort par quels Aduocats, & de quel Parlement ils veu-lent eſtre jugez; ſi les parties n'en connoiſſent aucun, le Mediateur y écrira pour auoir vne liſte de huit ou dix des

Leur

plus fameux, & en fera tirer trois au fort, ou plus grand nombre, fi les parties le defirent.

5. Si le Procez n'eſt pas inſtruit, on le pourra inſtruire fur les lieux de la demeure des parties en la forme qui fuit. On fera élection de domicile chacun chez vn Procureur ou Notaire, là, on ſe communiquera, on produira, & on y fera le reſte de l'iſtruction ordinaire, à la reſerue qu'il faudra faire auec douceur, ce qu'on fait au Palais auec beaucoup d'aigreur; cette douceur ſert ſouuent à termi-ner l'affaire, je l'ay veu, les Mediateurs, les parties meſmes pendant ce temps-là, propoſerent des expediens qui peuuent les accorder fur le champ.

6. Cependant fi cela n'arriue pas, & qu'il faille pour l'inſtruction faire des Procez verbaux, montrées ou veuës; les Mediateurs feront aux parties conuenir d'vn amy pour cela.

7. Si le procez ne demande pas longue inſtruction, & qu'il ſe puiſſe juger fur vn Factum; le Mediateur en fera dreſſer vn, dont les deux parties conuiendront, & qu'ils ſigneront.

ART. 8. Le Mediateur fera aux parties conſigner entre ſes mains, la peine du dédit, qui ne ſera pas rap-portée dans le compromis, de crainte qu'il n'arriue, ce qui eſt ſouuent arriué, que les Iuges condamnent de rap-porter la ſomme touchée pour cette peine, quoy que l'Ordonnance le deffende.

9. Le procez bien inſtruit, ou le Factum, ſera enuoyé par le Mediateur aux Aduocats conuenus, & leur juge-ment notifié aux parties, & s'il y a quelque choſe de rude ou de difficile pour l'vne des parties, le Mediateur tâ-chera de l'adoucir par lés expediens, que ſa charité luy ſuggerera.

Enfin aprés auoir fait tous bons offices de veritable amy, en veuë du Ciel, & non de la Terre, il prononcera le jugement, & s'il y en a vn qui refuſe d'acquieſcer, il bail-lera à l'acquieſçant, la ſomme conſignée pour le dédit,

CHAPITRE XXII.

Du deuoir du bon Mediateur.

NOVS *venons d'en dire vne partie, c'est à dire ce qu'il doit faire, quand les parties ont consenty de s'accorder à l'amiable;* mais le plus difficile, c'est ce qu'il faut faire pour tirer d'eux ce consentement, pour cela : 1°. Il faut les persuader, & c'est la grande peine; cependant il est facile d'en venir à bout, si on a les bonnes intentions de ce bon Curé dont nous auons parlé, le zele de son Euesque, & de ce bon Prince Gouuerneur de Prouince.

2°. Toutes sortes de personnes & de toute sorte de condition sont capables d'estre Mediateurs, vn voisin, vn amy, vne personne mesme beaucoup au dessous de ceux qu'on voudroit accorder: si le Mediateur ne le peut par luy-mesme, il peut exciter des personnes qui en seront capables, vn malade trouue bon, quelque grand Seigneur qu'il puisse estre, que le moindre luy souhaite la santé, & tâche de la luy procurer.

3. Mais pour estre bon Mediateur, il faut sur tout, patience, prudence, adresse & charité, il faut se rendre agreable aux parties, gagner creance sur leur esprit, pour cela commencer par les plaindre, qu'on a douleur du mal, de la peine, de la dépense que leur cause leur procez, apres cela écouter patiemment toutes leurs plaintes qui ne seront pas courtes, sur tout la premiere fois.

4. Il faut auoir la prudence & la discretion de ne rien dire qui choque d'abord celuy à qui on parle, quelque mauuaise que sa cause paroisse; mais seulement on luy peut dire que cela fait grand tort à sa reputation, que ses ennemis, ou les mal informez, racontent la chose à son

def-auantage, que cela donne de mauuaifes impreffions ;
& qu'enfin, s'il s'accommode, que ces bruits cefferont,
& qu'il fera voir qu'il eft tout autre que fes ennemis ne
publient.

5. S'il y a quelqu'vn, dont la caufe foit fi bonne qu'on
n'en puiffe douter ; opprimé, perfecuté, dépoüillé de fon
bien, par le puiffant ou l'infolent ; c'eft l'offencer au vif,
fi le Mediateur ne témoigne entrer dans fes interefts, &
en auoir compaffion : il luy dira donc en particulier, &
feul à feul, s'il fe peut, que tout le monde fçait l'injure &
l'injuftice qu'on luy fait, que tout le monde le plaint, &
luy fouhaite la paix, &c.

S'il prie le Mediateur d'en parler en ces termes à fa partie, il luy répondra qu'il le feroit volontiers, fi cela fer-
uoit au bien de la caufe, mais que cela ne feruiroit qu'à
l'irriter & empefcher l'accommodement, que cela le ren-
droit fufpect : qu'il luy dira & fera dire par amis inter-
pofez tout ce qui fera neceffaire. Cependant qu'il le prie
qu'il n'aye point à redire ce qu'il luy a dit de fa partie,
autrement qu'il feroit obligé de n'en demeurer pas d'accord, car cela aigriroit l'affaire au lieu de l'adoucir, que
de Mediateur on le regarderoit dores-en-auant comme
la partie, que cela romproit tout, & qu'enfin le Confeffeur & le Confultant doiuent le fecret, mais auffi que le
mefme fecret leur eft dû.

6. Il faut encore beaucoup d'adreffe pour trouuer des
expediens aux difficultez qui fe prefentét, foit pour la nomination des Arbitres, l'affignation du lieu de l'Arbitrage, les conditions de la furfeance des procedures, & cent
autres difficultez qui peuuent fe rencontrer ; fi l'entremeteur n'a pas toutes les lumieres neceffaires pour cela,
ou qu'il n'aye pas toute l'autorité qu'il faudroit ; il prendra confeil de perfonnes fages, ou interpofera perfonnes
puiffantes pour qui les parties auront refpect & crainte,
& à qui elles n'oferoient manquer de parole : j'ay veu cela
reüffir fouuent, vne fois entr'autres, entre perfonnes de

grande qualité, & pour vne affaire de grande consequence; le Mediateur n'estoit pas de leur poids, il interposa
personnes puissantes, & l'affaire s'accommoda, quoy que
les parties fussent bien animées.

7. Enfin, le bon Mediateur doit auoir vn fonds iné-
puisable de charité, c'est à dire que toutes ses actions,
ses paroles & ses pensées doiuent estre animées de
ce diuin amour, que le Chrestien doit auoir pour
son prochain, & que la nature mesme nous inspire, *Ren-
dez à autruy les seruices, que vous voudriez vous estre
rendus.*

8. Ceux qui agissent par ces principes, souffrent auec
patience, les plaintes, les murmures, les doleances, les
ingratitudes mesme de ceux à qui ils rendent seruice, &
en reuanche, on trouue tout bon de ces Mediateurs,
quand bien ils feroient des fautes; je l'ay veu en vne autre affaire d'importance, & entre personnes éminentes, le
Mediateur n'estoit pas de leur qualité, il negocia la paix
entre-eux vn long temps, il faisoit de grandes fautes à ce
que l'on disoit, du moins on s'en plaignoit souuent, neantmoins on luy pardonnoit tout, il estoit toûjours le bien
venu, beuuoit & mangeoit auec toutes les parties; &
enfin fut la cause de leur accommodement, & cela, parce
qu'il agissoit par ces principes releués de charité & d'a-
mour pour le prochain: ce feu diuin nous anime, nous
rend actifs, patiens, éloquens & ingenieux; c'est-là cet
Or diuin, de l'Apostre, que la fumée de la médisance ne
sçauroit noircir; c'est là cette *eau viue*, dont parle le
Prophete, qui rafraichit & delasse ceux qui trauaillent
dans la veuë de ce grand Dieu de Paix.

9. Et ainsi que tous ceux qui ont pouuoir & autorité,
& tous ceux qui ont accés ou creance s'entremettent
d'accorder les procez & les querelles, on aura bien-tost
estouffé ces monstres de diuision: nous auons fait voir
comme NOSSEIGNEVRS les Euesques y peu-

uent

uent tout, Meſſieurs les Curez, ces Millionnaires zelez, ces Predicateurs , ces fidels Interpretes de la pureté de l'Euangile , ces Confeſſeurs medecins charitab'es des vlceres les plus ſecretes de l'ame, qu'ils prennent la peine d'interroger leurs Penitens s'ils ont des procez , s'ils haiſſent leurs parties; car la pluſpart ne s'en confeſſent jamais; & enfin qu'ils prennent la peine d'obſeruer en leurs Prônes, Sermons & Conſeſſions, l'ordre que ce bon Eueſque a introduit dans ſon Dioceſe, dont il eſt parié au Chapitre 8. & ils verront bien-toſt la paix s'établir par tout.

CHAPITRE XXIII.

Des qualitez du bon Arbitre.

ART. I. IL doit eſtre patient comme le Mediateur, prudent comme luy, & ſur tout charitable comme luy; c'eſt par là qu'il doit commencer , qu'il doit continuer, & qu'il doit finir ; s'il a d'autres penſées ou d'autres intereſts, c'eſt vn miracle s'il reüſſit, toſt ou tard on ſe plaindra de luy & de ſon jugement ; on void cela arriuer tous les jours : au contraire, qui agit par ces principes du diuin amour, les petits luy ſont auſſi conſiderables que les grands, les eſtrangers & inconnus auſſi cheis que les parens & les amis ; enfin que les Arbitres ſe ſouuiennent de ce que l'on dit d'ordinaire, & qui eſt vray, que de cent accords qui manquent, il y en a quatre-vingt dix , qui manquent par la faute des Arbitres ; c'eſt à dire faute de charité pour les parties.

ART. II. Le bon Arbitre en outre doit eſtre ſçauant & habile, & en eſtime de cela, c'eſt à dire, s'il eſt queſtion d'vn point de Droit ou de Couſtume ; car hors de cela les Marchands, & autres gens ſages & intelligens,

I

mefme les Païfans peuuent decider les queſtions de leur profeſſion.

3. Il doit donner vn accez libre aux parties, les Iuges dont parle l'Hiſtoire Sacrée, éleus par le peuple, par le commandement de Moyfe, eſtoient aſſis *à la porte du Camp*; Iob accommodoit les differens *à la porte du Temple*, c'eſt à dire dans vn lieu, dont l'accez eſtoit libre & commode à tout le monde.

A R T. 4. On eſt maiſtre de la place, quand on a gagné le G uuerneur, on eſt maiſtre de la volonté du pauure plaideur quand on a gagné fon affection; pour cela, il faut luy témoigner bonté & amitié, & vn grand defir de l'aider, il faut commencer par l'écouter paiſiblement comme nous auons dit, & quoy qu'il dife beaucoup de chofes, qui ne font pas à la caufe, il faut l'écouter auec patience, du moins la premiere fois, pour gagner creance fur fon efprit, apres on pourra en vfer autrement, lors que ce pauure malade fera perfuadé qu'on a bonté pour luy, il trouuera bon, tout ce qu'on luy dira.

A R T. 5. Pour faire voir que l'Arbitre a conceu fon affaire la luy repeter, exagerer les raifons, qui font pour luy, & mefme luy en dire de nouuelles, cela le perfuadera fortement qu'on eſt intelligent & affectionné; apres cela on pourra luy dire les raifons, que fa partie allegue au contraire, mais comme en paſſant & fans exageration, d'vne façon neantmoins fi elles font bonnes, que cela luy donne fujet de douter, & enfin luy dire, & luy perfuader qu'on fera fon poſſible, pour fouſtenir fes intereſts, & luy procurer la Paix.

A R T. 6. Dans les Prouinces en beaucoup d'endroits, on a cette mauuaife couſtume, qu'on regarde l'Arbitre de fa partie, comme fa partie mefme, & fouuent auec auerfion, haine & injures; il faut déraciner cette mauuaife habitude, il eſt facile, les Arbitres n'ont qu'à dire à ceux qui les ont nommés, qu'ils ayent à aller voir & folliciter les Arbitres nommés par leurs parties, qu'ils

font gens d'honneur, qu'ils doiuent auoir confiance en
eux, & faudra que ces Arbitres aduerfes écoutent ceux-
cy auec plus de patience, que les autres, exagerer leurs
raifons, & leur témoigner bonté & amitié, & grand defir de contribuer à leur accommodement.

Cet accueil fauorable gagne entierement les cœurs,
d'autant plus que dans les Palais, on n'a d'ordinaire que
des rebufades des Iuges, & de leurs miniftres, on ne peut
leur parler, ny en eftre écouté.

Art. 7. Le lieu de l'Arbitrage d'ordinaire dans les
Prouinces s'affigne dans les cabarets, à la mode d'Allemagne; mais comme dit vn de leurs hiftoriens (*en beu-
uant, il s'y fait bien des accords; mais auffi il s'y fait bien des
querelles;*) & puis l'Arbitrage eft vne chofe fainte & facrée,
& quelque chofe de plus augufte que de juger fimplement; car outre que l'on juge, on tâche de reconcilier
les cœurs; c'eft pourquoy il eft bon de choifir vn lieu digne de la fainteté de l'œuure, on s'affemblera donc chez
l'vn des Arbitres, ou chez le Curé de la Paroiffe, ou dans
quelque Conuent, ces Miniftres facrez, qui habitent ces
lieux faints, font des Anges de Paix, qui feconderont les
Arbitres.

8. Les Arbitres affemblez, il eft bon de commencer par
juger la queftion au fonds, & à la rigueur, comme on feroit au Palais, ce qu'on ne fait pas toûjours dans les Prouinces, au contraire, on commence fouuent par propofer
des expediens, on trauaille à batons rompus, & les Arbitres intelligens & fpirituels, quand ils font malins, en tirent auantage.

9. La queftion jugée à la rigueur, fi l'on voit que les
parties ne s'y voudroient pas tenir, on cherche lors des
temperamens & des expediens, tel ne doit, que mille écus
par exemple, qui feroit heureux, de donner quelque chofe dauantage, parce qu'il a affaire à homme puiffant, chi-
caneur ou deuorant, qu'il faudra pour fe deffendre, faire
grande dépenfe, & quiter fon trafic, fon commerce ou

ſes menages, & manquer à gagner, ce que l'on gagneroit
ſi on n'auoit pas des procez.

10. De meſme il eſt deu mille écus à telle perſonne,
qui ſeroit heureuſe d'en quitter vne partie pour auoir l'autre; parce qu'elle a affaire auſſi à perſonnes puiſſantes,
de difficile conuention, qu'il faudra faire grande dépenſe, & quand on obtiendroit auec dépens, on ne retirera
pas le tiers de ce qu'on y aura mis, ſans parler de la perte
du temps, de la geſne d'eſprit, de la maiſon abandonnée,
& de tous les profits qu'on auroit pû faire ſans cette mal-
heureuſe affaire.

11. l'ay veu ſouuent des accords ſe faire que l'on
croyoit rompus, vn Arbitre merueilleux en expediens &
en charité, auoit trouué vn ſaint artifice, pour perſuader
les plus opiniaſtres, il leur faiſoit vn memoire de leurs
pretentions en quatre lignes, du principal, des intereſts
& dépens, ſuppoſant qu'ils obtiendroient Sentences &
Arreſts tout comme ils voudroient.

12. De l'autre coſté il leur mettoit la dépenſe qu'il leur
faudroit faire, le temps qu'il y faudroit employer, les
profits qu'on manqueroit à faire pendant ce Procez, &c.
& enfin leur bailloit ce memoire, ou à la femme, ou à
vn de leurs amis, & les prioit de le garder juſques apres le
Procez finy, pour voir s'il auroit dit vray: Les plus opiniaſtres ſe rendoient, ou ſur le champ, ou quelque temps
apres, les plus emportez ſont capables de ces medita-
tions; mais ces accommodemens ſe doiuent faire volontairement par les parties, & non par les Arbitres ſeuls,
qui ne doiuent pas oſter le bien à l'vn pour le donner à
l'autre. Ils doiuent juger comme ils voudroient eſtre jugez; mais apres cela ils peuuent conſeiller aux parties de
ſe relaſcher.

13. Il y a vne choſe de tres-grande conſequence à quoy
les Arbitres doiuent bien prendre garde, qui eſt de ne
ſouffrir quaſi jamais que les parties plaident leur cauſe en
preſence l'vne de l'autre, ſi ce n'eſt qu'il faille les inter-

roger fur certains points en fecret, dont les yeux fouuent, ou le vifage, font des preuues muettes, & dont les
demandes ou les refponfes non préveuës, font voir la
verité.

Mais hors de cela, jamais on ne le doit fouffrir, & la
raifon eft, que le meilleur procez eft toûjours accompagné d'vn peu d'aigreur (*que chacun fe confulte là-aſſus*)
& quand les parties viennent à parler en prefence l'vne
de l'autre, on s'interrompt, on s'échauffe, on s'aigrit, &
incontinent on vient aux injures, aux outrages & aux
reproches, la bile émeuë, on n'eft plus maiftre, la colere,
la vanité & la vengeance font des paſſions plus fortes
que l'auarice & l'intereft, qui font d'ordinaire la caufe
des procez.

Et ainfi que les Arbitres ne fouffrent pas, les parties
parler enfemble deuant eux, il eft bon mefme qu'ils
foient en chambres feparées, d'où on les appellera fi on
en a befoin; quand on parle à fon Arbitre, on parle auec
douceur, comme à fon amy & à fon Iuge, les expediens
qu'il propofe on les reçoit auffi doucement, & fi on y
trouue à redire, on fait voir les inconueniens fans fe mouuoir; ce qu'on ne feroit pas fi la partie eftoit prefente,
de crainte qu'elle n'en tiraft auantage; on voit cela arriuer tous les jours, & beaucoup d'Arbitrages auoir man-
qué pour les parties s'eftre mifes en colere, & s'eftre dites
des injures en prefence de leurs Arbitres.

14. Il faut encore prendre garde à vne chofe qui eft de
tres-grande confequence, que celuy des Arbitres qui
tiendra la plume foit habile, & fur tout qu'il foit homme de bien, car c'eft vne maxime parmy les intelligens
dans ce meftier, que qui eft maiftre de la plume, eft quafi
maiftre de tout, il ne faut qu'vn mot de changé, pour
renuerfer le fens d'vn jugement.

15. S'il eft poffible, que les Arbitres prennent la peine
eux mefmes, de dreffer le jugement ou la tranfaction qui
interuiendra, du moins qu'ils faffent les remarques ne-

ceſſaires, & qu'ils marquent ce qui aura eſté décidé par articles ; les Notaires quelques habiles qu'ils ſoient, ont peine à conceuoir vne affaire à fonds, dés la premiere fois qu'ils en entendent parler.

16. Tant que l'on pourra, qu'on ne laiſſe point de queuë à ces Sentences arbitrales, ou tranſactions ; qu'on execute ſur le champ tout ce qui ſe pourra executer ; comme par exemple, ſi vn debiteur promet payer en rente ou en fonds d'heritage, qu'on faſſe la deſignation & le tranſport par le meſme acte ; ſi vn fils promet tant à ſa Mere pour doüaire, ou à ſes freres pour partage, que la deſignation ſe faſſe auſſi ſur le champ, & le tranſport par la Sentence arbitrale, autrement il y aura bien à craindre qu'il ne faudra vn ſecond procez pour l'executer, ou qu'il ne faille recourir aux meſmes Arbitres, qui ſeroit double peine, pour eux & pour les parties.

17. Comme le deſſein des Arbitres doit eſtre de donner la paix, & d'empeſcher autant qu'il leur eſt poſſible, tout pretexte de procez, au lieu de donner des Sentences arbitrales, le mieux eſt de faire tranſiger les parties, il eſt plus difficile de ſe pouruoir contre vne tranſaction, que contre vne ſentence, quoy qu'on aye acquieſcé, la corruption eſt ſi grande, qu'on obtient lettres pour eſtre releué, & en ſuite on peut plaider *(cent & vn an)* on voit des procez à milliers de cette nature.

18. Il eſt vray qu'on peut auſſi prendre lettres pour eſtre releué, contre vne tranſaction, mais outre que cela eſt plus difficile, & de plus mauuaiſe grace, c'eſt que l'on peut, ſi la matiere y eſt diſpoſée, faire la tranſaction en termes generaux, ſans rien expliquer par le détail, en ſorte qu'on ne ſçauroit ſe releuer, on ne peut faire voir de quoy il eſtoit queſtion entre parties, & en quoy on pretend auoir eſté lezé ; comme par exemple s'il eſt queſtion de l'execution d'vn Arreſt, & qu'à y valloir, on a touché quelque ſomme, la tranſaction peut porter en termes generaux, *(au moyen des payemens cy deuant faits, & des*

ſommes receuës, que les parties n'ont pas voulu eſtre articulées
par le détail, & pour cauſe;) Titius declare quitter Mænius de
l'execution de ſon Arreſt, en principal, intereſts & dépens.

19. S'il eſt queſtion de compte, qui ne regarde que ceux qui tranſigent, decларer que les parties s'entre-quittent de toutes affaires juſques à ce jour, & ainſi du reſte, ſi l'affaire y eſt diſpoſée.

Outre qu'il eſt difficile de ſe releuer contre des tranſactions, faites de la ſorte, où les Arbitres ne doiuent pas ſigner, il en vient vn autre bien aux Arbitres, ſouuent en la cauſe d'apel on leur chante des injures, les Aduocats & les Iuges les traitent d'ignorans, ou de méchans; quand leurs noms ne paroiſtront point, & qu'au lieu d'vne Sentence Arbitrale, il n'y aura qu'vne tranſaction, qui ne ſera point ſignée d'eux, on ne pourra leur rien dire.

Enfin, ces Arbitres, Iuges de douceur, & de Paix, doiuent auoir la meſme bonté, & la charité pour les autres, qu'ils voudroient qu'on eut pour eux en pareille rencontre; ils doiuent ſe ſouuenir, qu'il n'y a rien de plus honorable parmy les hommes, que d'eſtre en eſtime de capacité & de probité ſi grande, que les peuples s'y ſoûmettent volontairement: c'eſtoit la plus noble ambition de ces grands Senateurs de Rome, & Princes de la terre, ſur la fin de leurs jours, de voir leurs Citoyens venir à eux, & les prendre pour juges de leurs differens, ils preferoient cette eſtime ſecrete à leurs trophées, & à leurs triomphes; ils auoient vaincu leurs ennemis par la force, mais ils auoient gagné les cœurs de leurs peuples par la douceur.

L'Hiſtoire Sacrée nous dépeint ce grand Patriarche Iob, & ſouuerain tout enſemble, accordant les procez de ſes ſujets à la porte des Temples, & luy donne plus de loüanges pour ces actions, que pour le reſte de ſes qualitez eminentes.

Salomon le plus ſage des Rois & des hommes, fut plus eſtimé pour cette qualité de Iuge doux & pacifique, que

pour toutes ſes autres vertus ; c'eſt ce qui attira les teſtes
Couronnées, la Reine de Saba, à luy venir faire homma-
ge au pied de ſon Trône ; c'eſt ce Iugement & cét expe-
dient d'Arbitre, qui appaiſa les deux Meres ſur le partage de l'Enfant, qui luy a fait meriter les loüanges de tous
les ſiecles, qui ont paſſé, & de tous ceux qui les ſuiuront,
cette ſeule action a plus receu d'éloges, que toutes les
victoires & les triomphes des Conquerans. Charlemagne, eſt plus loüé dans l'Hiſtoire pour les Audiances qu'il
donnoit à ſes peuples, que pour ſes victoires, & auec raiſon, car ces Audiances regardent ſeulement le bien du
peuple, & il y prend plus de part, que dans les victoires
du Prince. De meſme les Audiances que noſtre Roy
donne, le feront plus loüer que toutes ſes conqueſtes.

20. Et ainſi que perſonne ne croye, que la qualité
d'Arbitre, ſoit au deſſous de luy : S. Loüis l'vn des plus
grands de nos Rois, en faiſoit auſſi profeſſion particuliere
re, l'Hiſtoire le dépeint prenant vn plaiſir ſingulier à rendre Iuſtice à ſes peuples, & à trouuer des expediens pour
accommoder leurs differens, il ſe dépoüilloit de la qualité de Souuerain, pour prendre celle d'Arbitre.

Enfin tous ces grands ſaints & ces grands Prelats, dont
parle noſtre Hiſtoire, ont tout quitté, pour trauailler à ce
ſaint exercice.

21. Apres cela tout le monde doit tenir à honneur cette qualité d'Arbitre & de Mediateur charitable, graces
à Dieu il y en a, par tout le Royaume, d'eminens en dignité & en vertu qui s'y addonnent ; à Paris entr'autres,
nous en auons trois celebres, qui ont paſſé par les premie-
res charges de l'Eſtat, Meſſieurs *de Morangi, de Boucherat,*
& le Nain ; leur maiſon eſt ouuerte à tout le monde,
leur vertu a éleué chez eux le tribunal de la paix, leur
capacité, leur bonté & leur patience, adoucit les cœurs
les plus animez, & trouuent des expediens pour terminer
les differens les plus difficiles : ſi leur exemple eſt ſuiuy
par tout le Royaume, & que chacun dans ſa condition

imite

imite ces grands hommes, ce monftre de Chicane fera
bien-toft étouffé.

CHAPITRE XXIV.

*Que dans diuerfes Prouinces, & en diuers temps, des
perfonnes de qualité fe font affemblez pour feruir
d'Arbitres aux pauures.*

DAns la ville de Lyon, dans celle de Nantes en
Bretagne, & dans Clermont en Auuergne, des
Officiers honoraires, autrefois, s'addonnerent d'eux-
mefmes à ce faint exercice, & il fe joignit à eux, des
Aduocats, des Procureurs & des Notaires, qui leur fer-
uoient de Greffiers.

Voicy ce qui les conuia de s'addonner à cét employ
charitable, c'eftoient gens en grande eftime dans le païs,
les riches les prioient tous les jours d'eftre leurs Arbitres,
ils y donnoient tout leur temps, ils fe refolurent de le
mieux employer, ils fe mirent à trauailler pour le Ciel,
& à fecourir le pauure, terminans fes procez & differens
à l'amiable ; ils s'affembloient pour cela deux fois la
femaine chez l'ancien, cela fut fceu incontinent dans
tout le païs, chacun accourroit à eux, & pauures & riches, & qui le refufoit, quand il en eftoit prié, paffoit
pour vn mefchant homme, (c'eftoit vn commun prouerbe parmy le peuple *(en veux-tu croire les bons Arbitres)*
leur porte eftoit ouuerte à tous les miferables , leurs
maifons eftoient, comme dit Ariftote (*cét Autel viuant*)
où les foibles couroient en foule.

En vn matin ils jugeoient plus de procez, que le
Siege du lieu n'en faifoit en vn mois, comme font les
Iuges Confuls maintenant, aux procez naiflans il n'y a
fouuent qu'vn acte à voir. Mais quand ils font bien

K

inſtruits, comme l'on dit, (*par toutes les formes du Palais*) ce ſont des montagnes de paperaſſes, il faut vn long-temps, pour chercher la verité, qu'on a pris tant de peine à déguiſer.

Cependant ces Aſſemblées d'Arbitres charitables & volontaires, ne ſont point venuës juſques à nous, elles finirent par la mort de ces Ouuriers zelez qui les compoſoient, faute d'vne generation Spirituelle, & d'auoir eu liaiſon auec les Curez & les Eueſques, ou auoir eſté ſoûtenuës par l'authorité du Prince.

Nous allons parler d'autres Conſultans & Arbitres charitables, eſtablis en Prouence par Henry IV. & qu'il vouloit eſtablir par tout le Royaume.

IL y en a d'établis en Prouence, ils prennent soin des procés des pauures gratuitement, & les accordent quasi tous à l'amiable, suiuant l'intention & l'ordonnance d'Henry IV. du 6 Mars 1610. le premier Président, lors, & les gens du Roy dudit Parlement de Prouence, firont promptement executer cette Ordonnance.

Ce bon Prince auoit resolu de la faire executer par toute la France à l'exemple de Venise, la mort l'en empécha.

Les pauures, & les foibles, coniurent nostre Monarque, d'acheuer ce grand dessin de Charité, comme il acheue ces autres grands desseins, de son Ayeul, & en paix, & en guerre.

Sans cela, quelque reforme que l'on fasse, le pauure ne peut esperer de iustice en France, on ne parle point de la rendre gratuitement. Donc il faudra de l'argent, & le pauure n'en a pas.

Mais nostre Monarque, peut d'vne parole & d'vne seule Ordonnance. (par ces Advocats & Procureurs charitables) bastir au pauure (cette forteresse invincible) dont parle l'Escriture, où le foible, la veue, & l'Orphelin, seront en seureté Ierem. C. 15.

CHAPITRE XXV.

Que l'an 1610. Henry IV. ordonna qu'il feroit eſtably vne Aſſemblée de Conſultans & Arbitres Charitables, d'Aduocats & Procureurs, dans toutes les Cours & Iuriſdictions du Royaume, qui prendroient ſoin des affaires des pauures gratuitement.

Que M. le Chancelier de Sillery, auoit cet eſtabliſſement fort à cœur.

Qu'il conuia M. Laujorrois Conſeiller au Parlement de Thoulouze, d'écrire ſur cette matiere, qu'il le fit, & l'imprima.

La cauſe qui a empeſché cet eſtabliſſement par toute la France.

Qu'on l'a fait en Prouence, que le premier Preſident lors & les Gens du Roy du Parlement de cette Prouince-là, firent cet eſtabliſſement, qu'il eſt facile de le faire dans le reſte du Royaume, ſans qu'il en coûte rien au Roy, ny au Peuple.

Les grands biens que cela produiroit.

CE Grand Prince Henry IV. auoit des entrailles de commiſeration pour tous ſes Sujets, principalement pour les pauures, qui ſont expoſez aux injures des Grands, dont il diſoit que les Rois ſont principalement Tuteurs & Deffenſeurs, & dont Dieu leur demandera vn compte plus exact, *au jour terrible de ſes Iugemens,* pour ſe ſeruir des termes de l'Apoſtre : le deſſein de ce bon Prince à ce que nous dit ſon grand Confident &

K ij

Miniſtre, eſtoit à ſon retour des guerres d'Allemagne, de publier la reformation de la Iuſtice, qui eſtoit toute dreſſée pour cela, & que ce grand Roy auoit luy-meſme corrigée & apoſtillée de ſa main.

Art. I. Mais voyant que la foibleſſe des pauures ne pouuoit pas attendre vn remede ſi long, auant de partir pour cette guerre, le 6. Mars 1610. il ordonna qu'on eſtabliroit dans toutes les Cours & Iuriſdictions du Royaume, vn Conſeil d'Aduocats & Procureurs charitables qui prendroient ſoin des procez des pauures gratuitement, & les pourſuiuroient ſans en rien prendre, & la bonté paternelle de ce grand Prince, promit de donner des gages & des priuileges à ces Miniſtres charitables pour recompenſe de leurs peines.

Art. II. M. de Sillery digne Chancelier d'vn tel Prince, auoit cét eſtabliſſement ſi fort à cœur, que pour en auancer l'execution, il pria M. l'Aujorrois Conſeiller au Parlement de Thoulouze, qui eſtoit animé du meſme zele que luy, de vouloir traiter cette matiere, pour faire voir l'vtilité & la facilité de l'execution, ce qu'il fit, en ladite année 1610. & la fit imprimer.

Art. III. Le demon ennemy du repos de la France, nous enleua cét Incomparable Monarque deux mois aprês, par vne mort funeſte & precipitée, qui arreſta le cours de l'execution de ce deſſein charitable ; & les guerres du dedans & du dehors du Royaume, qui ont affligé la France du depuis, l'ont empeſché juſques à preſent.

Art. IV. Mais nous voicy au ſiecle des miracles, noſtre Inuincible Monarque à qui le Ciel a reſerué l'execution des grands deſſeins de ſon Ayeul, trauaille à cette reformation de la chicane tant deſirée de tous les peuples ; les pauures doiuent eſperer & les foibles, qu'il ſongera auſſi particulierement à eux, & en effet, à moins qu'on n'eſtabliſſe cette Aſſembiée d'Aduocats & Procureurs, Conſultans & Arbitres charitables, il y a à craindre.

que les pauures ne goufteront point les doux fruits de cette reformation , ils font dépoüillez de tous biens, denuez
de tout fecours , leur foibleffe eft fi grande qu'il ne leur
fert de rien d'eftre au bord de la Pifcine , fi noftre Prince
medecin charitable de tous maux , ne leurs donne des
hommes qui les jette dedans.

En voicy vn bel exemple qui a donné lieu à ce deffein
de l'Affemblée du Confeil charitable de la Parroiffe de
S. Sulpice à Paris, qui la premiere, l'an 1666. a formé vne
Affemblée pour les fecourir; elle vit que dans vn an , elle
auoit fecouru trois à quatre mille pauures, dont grand
nombre , eftoit tombé dans l'extreme pauureté par le
procez : vn pere mal-heureux entr'autres & infortuné,
qui s'eftoit dépoüillé de tous fes biens, en faueur d'vn
fils vnique, qui le laiffoit mourir de faim, & perir de miferes, fur vne poignée de paille, âgé de quatre vingt-cinq
ans.

Ce Pere eftoit Marchand à Paris, pour mieux marier ce
fils, il luy donna tous fes biens, qui fe montoient à plus
de dix-huit mille liures, il retint feulement les meubles
d'vne chambre, vne fomme pour viure, & l'obligea de
payer fix ou fept cens liures de debtes qu'il y auoit dans
la maifon.

Ce fils ingrat & denaturé, fit emprifonner fon pere fous
le nom d'vn creancier, enleua tous fes meubles, fous pretexte de les conferuer , & a refufé de luy payer la fomme
ftipulée pour fa penfion; il y a quatre ans qu'il ne l'a
payée.

Ce pauure pere ainfi nud & abandonné, demanda fecours à la Iuftice, il obtint trois Sentences au Chaftelet;
ce fils mal-heureux fe porta appeilant, il fut debouté par
deux Arrefts contradictoires, il s'oppofa à l'execution, le
pere en a obtenu dix autres, mais ce fils indigne de voir
le jour, pour rendre tous ces Arrefts illufoires, comme
tous fes biens font en meubles , & qu'il ne craint que la

contrainte par corps, il s'en eſt allé dans vne Prouince éloignée, & y a fait des acquets ſous le nom de ſes enfans, qui ſont encore au berceau, & ce pauure pere âgé de quatre vingt cinq ans, eſt reſté nud & moribond depuis quatre ans ſur vne poignée de paille : pour tous biens, on ne luy void qu'vn ſac plein de papiers, & douze Arreſts dans vne main, mais dans l'autre il n'a pas de pain.

Quelle illuſion à la Iuſtice ? quelle honte à la chicane de noſtre France? tout eſt plein de Iuges, & ce pere mal-heureux & infortuné, ne trouue point de ſecours contre ce fils ingrat; ſi le deſſein de Henry IV. eſtoit executé, s'il y auoit en chaque Ville vne aſſemblée de ces Aduo-cats & Procureurs charitables, ce pere ſeroit bientoſt ſecouru, & cent mille autres miſerables comme luy, qui gemiſſent par toute la France.

Art. VI. L'aſſemblée par exemple du Conſeil Cha-ritable de Paris, écriroit à celuy de la Ville, où ce fils mal-heureux s'eſt allé cacher, on l'arreſteroit priſonnier, & il payeroit; bien plus, de cent procez de cette nature, ou autres vexations pareilles, que l'on fait aux foibles, la ſeule crainte de cette aſſemblée en empeſcheroit, quatre vingt-dix; celuy qui attaque, qui eſpere tirer auantage de la pauureté de ſon ennemy, ne l'oſeroit faire voyant ces aſſemblées eſtablies, il ſçauroit, qu'il n'a plus à com-battre le bras foible du pauure, qu'il eſt ſouſtenu de la main toute puiſſante du Prince, que c'eſt lutter contre la force de l'Ange.

Il n'eſt rien plus facile, que d'établir ces Aduocats & Procureurs Charitables dans toutes les Cours & Iuriſ-dictions du Royaume, cela ſe peut ſans qu'il en couſte rien au Roy ny au peuple, & ſans rien prendre du pauure le deſſein de Henry IV. auſſi liberal, que charitable, eſtoit de leur donner des gages, & ce ſeroit le mieux, mais l'établiſſement ſe peut faire ſans cela.

Le nombre des affaires ne ſera pas ſi grand comme il paroiſt d'abord, tous les riches comme nous auons dit,

qui attaquent dans l'esperance de tirer avantage de la foibleſſe du pauure, ne le feront pas.

Art. VII. Grand nombre de leurs procez, plus d'vn
tiers ou vne moitié, on peut dire quaſi tous, s'accommoderont à l'amiable dés leur naiſſance, faiſant ce que nous
auons dit cy-deuant; vn Chreſtien & ſur tout le pauure
doit tâcher de conſeruer ſes intereſts, ſans venir aux aigreurs du procez, pour cela comme en entrant dans les
Hoſpitaux, la Confeſſion precede les autres aſſiſtances
qu'on y reçoit, il ſera bon que le conſeil charitable commence par vne ſommation d'Arbitrage, & pour empeſcher auſſi que le riche ne ſe plaigne qu'il eſt vexé, & accablé par la puiſſance de ce Conſeil, & ainſi il y aura bien
peu de gens riches qui ne conſentent à l'accommodement; le pauure ſouſtenu de ce Conſeil, ſera plus fort
que luy & que les plus grandes puiſſances; dans toutes
les Villes, dans tous les Tribunaux du Royaume, ils auront des Protecteurs charitables & gratuitement, & qui
s'y employeront auec plus de zele & de diligence, qu'ils
ne feroient pour leurs propres affaires, ce que l'on fait
volontairement & par principe de charité, on le fait tout
le mieux que l'on peut.

Les Riches, quelques puiſſans qu'ils puiſſent eſtre,
n'ont pas cet avantage hors de leurs païs; ils ont peine
meſme à auoir habitude & connoiſſance, & ont peine à
trouuer gens fidels & affectionnez; s'il faut aller loin, ils
ne le peuuent qu'auec peine & dépenſe, & abandonnans
la maiſon où il y a touſiours quelque choſe d'vtile à faire
pour eux, & ainſi il n'y aura quaſi point de Riche, qui
voyant le Pauure ſouſtenu, ne conſente de bon cœur à
l'accommodement.

8. Si ce ſont deux Pauures qui plaident l'vn contre
l'autre, on les accommodera, quand ils ne le voudroient
pas.

9. Outre cela les Pauures ont nombre de procez qui ne
ſont pas bons, les gens ſans biens ſouuent s'attachent à

des efperances, dont ils ne veulent pas démordre, tourmentent les riches , & perdent le temps qu'ils deuroient employer à gagner leur vie; l'Affemblée de ces Confultans charitables remediera à ce defordre, s'ils refufent de s'accommoder, on les abandonnera, s'ils y confentent le Riche aura la Paix, & le Pauure le temps de gagner fa vie.

10. Et ainfi l'on void qu'il reftera bien peu de procez à pourfuiure, toute la peine quafi de cette Affemblée charitable fera pour des Confultations & des Arbitrages; cependant pour les procez qu'il faudra inftruire, cela fe pourra fans rien debourcer, & mefme profit en viendra à ces dignes Aduocats & Procureurs, comme je diray cyapres. 1. On ne pourfuiura point de procez qu'on n'aye bien confulté, & qu'on n'aye trouué bon; apparemment les procez eftans bons & bien inftruits, on n'en perdra gueres, & partant la partie du Pauure fera condamnée aux dépens, & ainfi on fe rembourfera des avances qu'on aura faites. 2. Voicy vn moyen pour ne rien avancer, il n'y a d'ordinaire d'argent à debourfer qu'aux Huiffiers , aux Greffiers ou Receueurs des Efpices, ils peuuent faire credit jufques apres le jugement du procez, ils fçauent qu'ils ne tireroient aucun profit du procez du pauure, s'il n'eftoit pourfuiuy, qu'il ne le fera pas, s'il n'eft affifté de quelqu'vn, qu'il ne le peut eftre, s'ils n'y contribuent par leur facilité, en donnant terme & credit; cela eftant, il n'y a rien à debourfer. 3. On pourroit faire quelque chofe de mieux, que toutes ces expeditions fe donnaffent gratis, comme on fait pour les Hofpitaux; neanmoins il faut que tout le monde viue, puis que tout a efté rendu venal; & ainfi cela peut fuffire de donner terme & credit, attendant que le procez foit jugé; mais le plus feur feroit qu'il pleuft au Roy d'ordonner que celuy qui refuferoit l'accommodement, apres auoir efté fommé de nommer , & conuenir d'Arbitres, & qui prefereroit la guerre à la paix, fut tenu de configner en pure perte & fans

efperance

efperance de repetition, vne fomme côfiderable pour eftre
employée aux frais du procez, & à vne amande au profit de l'Hofpital, & qu'à faute de faire cette confignation
dans trois jours, s'il eftoit demandé, il fut décheu de fa
demande, & condamné aux dépens fur fimple Requefte
& s'il eftoit defendeur qu'on adjugera la demande à fa
partie, auec defenfes aux Iuges à peine de prife à partie, &
de demeurer refponfables de tous les dépens, dommages
& interefts, de contreuenir à cette Ordonnance, comme
ils font tous les jours à l'égard des peines portées par les
Compromis, dont ils déchargent les appellans des Sentences Arbitrales.

Il faudroit que l'Ordonnance portat pareille peine contre les Advocats & Procureurs qui occuperoient au pre-
judice des defenfes, & qu'il fut permis aux parties de les
faire affigner au Confeil, en vertu de la Declaration,
fans autre *Pareatis*.

11. Pour recompenfe à ces Aduocats & Procureurs
charitables. 1. Comme on ne pourfuiura point de procez qu'on n'aye confulté, & trouué bon, & qu'apparemment on gagnera, on fera remboursé de fes peines & écri-
tures, par la partie qui aura perdu; cela eft jufte, chacun doit viure de fon trauail; outre cela, pour le temps
que l'on donnera aux Confultations & Arbitrages, le
Roy peut donner des priuileges & des graces comme il a
fait à certains Directeurs d'Hofpitaux, exemption de
Tutelle & Curatelle, logemét de Gens de Guerre; exemption du Guet & de Garde, d'arriere-Ban, ou tels autres
que le Prince jugera plus à propos, on ne peut trop re-
compenfer ces ouuriers charitables.

12. A Venife, cette Republique fi bien ordonnée, le
miracle de la police de l'Europe, on eft allé bien plus
loin; car outre ces Aduocats & Procureurs charitables,
on commet d'illuftres Magiftrats, qui font les Tuteurs
& Curateurs des pauures, & cet employ eft fi honorable
parmy eux, qu'il eft recompenfé de l'autorité Souuerai-

ne, de l'entrée de leur Senat; & ainſi ſi le Roy le juge à propos, les Aduocats qui auroient vingt années de ce ſeruice charitable, pourroient auoir entrée dans les Parlemens, en qualité de Conſeillers honoraires; c'eſtoit l'auis de M. Lauiorrois Conſeiller de Thoulouſe, qui a traitté cette matiere à fonds ; & les Procureurs qui auroient rendu de pareils ſeruices pourroient eſtre honorez de l'entrée dans les Maiſons de Villes , en qualité de Conſeillers, anciens Maires ou Eſcheuins; outre cela cet employ leur fera nombre d'amis, qui leur rendront de bons offices à eux & à leur famille , leur reputation & leur eſtime ſera connuë de tout le monde, cela fera que les riches leurs adreſſeront leurs affaires , dont profit leur viendra.

Mais ſur tout ils auront cette recompenſe ſolide, dont on eſt payé content faiſant les bonnes actions, cette joye que reſſentent les ames Charitables, & qui eſt inconnuë aux ames dures & ingrates, enfin on trauaillera pour le Ciel, pour ce Dieu liberal, dont les promeſſes ne ſont point trompeuſes, qui pour la moindre action, qu'on aura faite pour luy & pour les pauures, *qu'il appelle ſes membres* , promet des richeſſes qui ne tariront jamais.

Et ainſi il ne reſte qu'à noſtre Roy d'établir ces Aſſemblées d'Aduocats & Procureurs Charitables, il trouuera des Ouuriers par tout, qui s'y offriront auec joye; il ne faut pour cela, que renouueller l'Ordonnance de Henry I. V. & conuier particulierement les premiers Preſidans, & les Gens du Roy des Parlemens, d'en faire l'établiſſement dans leur reſſort, comme on l'a fait en Prouence, & certifier ſa Majeſté de leur diligence, dans ſix mois, chacun s'y portera auec chaleur.

Le Procureur General du Parlement de Paris, (*digne de l'Ancien Senat de Rome , quand il commandoit aux Rois*) ſans en auoir eſté requis, a déja étably des Aſſemblées, où il ſe trouue reglément, pour auoir vn ſoin particu-

lier des Priſons, & d'expedier promptement les affaires
des Priſonniers.

Et afin que la France ſe ſouuienne des obligations
qu'elle aura à noſtre Incomparable Monarque, il ſera
bon de dreſſer des Reglemens pour la conduite de ces
Aſſemblées, qui ſe liront de ſix mois en ſix mois, & que
ces Reglemens portent à la teſte, l'Ordonnance & le
nom Illuſtre de noſtre grand Prince Loüis XIV.

Et ainſi à jamais la France ſe ſouuiendra de ſa charité paternelle, à jamais ſon nom ſera beny & ſera en
veneration à tous les peuples; les foibles, les oppreſſez
les veufues, les orphelins, ces pauures gens opprimés,
ou par la puiſſance d'vn Gouuerneur, ou d'vn grand
Seigneur, ou d'vn homme de Robbe, ou d'vn petit ty-
ran de gentil-homme; enfin toutes ces ames deſolées &
abandonnées, dont la France eſt pleine, auront recours
à ces Aſſemblées, comme à des aziles aſſeurés, que la
main charitable de noſtre Prince leurs aura dreſſées, ce
ſera l'ancre ſacrée, qui les ſauuera du naufrage: & pour
le payement d'vne action ſi heroïque, il aura la recompenſe, que promet l'Apoſtre, *le comble de toutes les joyes*
dont la durée n'aura point de fin.

CHAPITRE XXVI.

*Reglemens de l'Assemblée de la Paroisse de S. Sulpice
à Paris, qui prend soin des pauures honteux; &
qui a, la premiere formé le dessein, de prendre aussi
le soin de leurs procez, pour tascher à les accorder
à l'amiable.*

La cause & la fin de cette Assemblée.

NOVS auons déja parlé de cette Assemblée dans
les Chapitres precedens, ce n'est que l'ombre, la
figure, & vn crayon imparfait de ces Assemblées d'Aduocats & Procureurs charitables que Henry IV. auoit
dessein d'établir; car ceux-cy auroient l'autorité du Prince, & seroient armés pour parler auec vn ancien, *du glai-
ue tranchant des Loix*, à qui les puissances ne peuuent &
n'osent resister ; mais les Assemblées particuliers de Paroisse, de quelques Ouuriers charitables, ils ne trauaillent qu'auec crainte, ils sont exposez à la censure, aux
railleries, à la médisance & aux calomnies de tout le
monde; ils ressemblent à ces pauures Disciples bien in-
tentionnés, mais timides, qui ne marchoient qu'en ca-
chette, (*Clam propter metum Iudæorum*) cependant ces
Assemblées sont capables de faire vn grand bien attendant qu'il plaise à nostre Prince d'établir celles de son
ayeul, dont les fondemens ne pourront estre ébranlés.

ART. I. Voicy donc ce qui a donné lieu à celle de la
Parroisse de saint Sulpice ; l'Assemblée des pauures honteux vit, comme nous auons dit, qu'en vn an on en auoit
assisté trois à quatre mille, dont la pluspart estoient tom-
bez dans l'extreme pauureté, par le mal-heur du procez

& de la chicane, & ce qui eſtoit de plus déplorable, grand nombre d'eux, auoient quitté l'vſage des Sacremens, & n'en vouloient plus approcher, auoüans qu'ils auoient l'ame ſi pleine de fiel, de haine & d'animoſité contre leurs parties, qu'ils ne pouuoient leur pardonner; qu'ils les regardoient comme les Autheurs de leur ruine, & la cauſe funeſte de leur pauureté, de leur honte, de leur ſouffrance, & de toutes les miſeres, qui accompagnent vne famille ruinée.

ART. II. Monſieur le Curé qui aime auſſi tendrement le moindre de ſes Paroiſſiens, comme le pere le plus paſſionné aimeroit ſon fils vnique, conuia & conjura l'Aſſemblée des pauures honteux de chercher remede à de ſi grands maux, la grandeur de l'entrepriſe eſtonna d'abord tout le monde, il n'y a quaſi perſonne en France, qui ait du bien, qui n'ait Procez; qui n'en veut point faire, on luy en fait, le moindre eſt long, lent, contagieux, & penible, chacun donc jugeant de la difficulté de l'entrepriſe par ſa propre experience, la croyoit impoſſible, & d'abord perſonne ne s'y vouloit embarquer.

Mais enfin la charité l'emporta, ce pauure pere, dont nous auons parlé, demanda du ſecours contre ce fils ingrat, qui l'a dépoüillé de tous ſes biens, & qui le laiſſe perir de faim, de froid & de miſeres, ſur vne poignée de paille, moribond, âgé de quatre-vingt-cinq ans; cét objet émeut les cœurs les moins tendres, M. le Curé ſe ſeruit de l'occaſion, ſon zele auſſi grand que celuy des Paſteurs de l'Egliſe naiſſante, auſſi grand que celuy de noſtre bon Curé S. Yves, échauffa les plus tiedes.

ART. III. Enfin l'Aſſemblée pour ces pauures honteux, reſolut de prendre ſoin de leurs procez, & ſur tout de chercher les moyens de les accorder à l'amiable; dés que cette reſolution fut priſe, & qu'elle fut ſceuë, comme la nature fait de grands efforts, pour remedier aux grands maux, il accourut pour trauailler à ce ſaint ouurage, vne foule illuſtre de perſonnes eminentes en qualité, & en toutes fortes de vertus; des Ducs & Pairs, des Cordons bleus, des Lieutenans de Roy dans les Prouinces, des premiers Officiers de la maiſon du Roy, des Marquis, des Preſidens actuellement ſeruans, des Conſeillers, des Aduocats meſme & des Procureurs, des Conſeillers d'Eſtat & des Maiſtres des Requeſtes, & enfin des perſonnes eminentes qui ont eſté Ambaſſadeurs, & vn grand nombre d'autres perſonnes Charitables, leurs noms ſont rapportez ſur le regiſtre de l'Aſſemblée.

A r t. IV. Monſieur le Bailly de S. Germain, qui eſt ſeul Iuge de ce Fauxbourg là, auſſi grand qu'vne des plus grandes villes du Royaume, témoigna ſa joye, & fit offre de ſes ſeruices, qu'il appuiroit & ſeconderoit ce bon deſſein, toutes les fois qu'il en ſeroit requis; ce bon Iuge éclairé & animé de Charité, ſçait qu'on ne perd rien pour aſſiſter les foibles, que les Magiſtrats ne tirent pas grand profit des procez des pauures, qu'ils ne peuuent les pourſuiure faute d'argent, qu'on ſe déchargera de leurs importunitez, quand on les accommodera à l'amiable, & qu'enfin quand il y auroit quelque choſe à perdre, que le Dieu de Charité eſt celuy des richeſſes, qu'il a dépoüillé Saül pour ſon auarice, & comblé Salomon de biens pour ſa liberalité, & ſa magnificence dans ce baſtiment ſuperbe de ſon Temple; à plus forte raiſon ceux qui deffenderont les pauures qui ſont ſes membres, & ſes temples viuans.

A r t. V. Si dans toutes les Villes du Royaume il y auoit de ces Aſſemblées Charitables, attendant que le Roy eſtabliſſe celles de ſon Ayeul par ſon authorité, il y aura vn port aſſeuré, au foible, au miſerable & à l'opprimé; il eſt facile d'en eſtablir ſi N O S S E I G N E V R S les Eueſques ont la bonté de s'en meſler; quaſi par tout leur Charité a eſtably des Aſſemblées de Paroiſſe, qui prennent ſoin des pauures honteux & des malades; il n'y a qu'à les conuier d'imiter l'exemple de la Paroiſſe de

Saint Sulpice, nombre de perfonnes intelligentes fe join-
dront à eux, conuier aufli Meffieurs les Curez de fuiure
les traces de cét illuftre Curé de Paris, fi dans leur Ville,
il n'y a point de ces Affemblées pour les pauures honteux, on ne laiffera pas d'y pouuoir eftablir celles de ce
Confeil Charitable, par tout il y a quelque perfonne
bien intentionnée, toute prefte d'eftre Ambaffadeur de
Paix, quand on l'aura inftruit, & qu'il fera fecondé; il ne
faut pas grande capacité pour cela, comme nous auons
dit, il ne faut qu'vn peu de bonne volonté, la charité eft
fimple, & neanmoins fes termes font forts, & perfuadent;
qui ne fera pas capable de juger la difficulté, eft capable
d'eftre Mediateur, & de faire conuenir d'Arbitres, &
ainfi par tout on pourra trouuer de ces Ouuriers de Paix,
qui feconderont dignement les bonnes intentions de
NOSSEIGNEVRS les Euefques & de Meffieurs
nos Curez, jufqu'à ce qu'il ait pleu à noftre grand Prince
d'eftablir ces Affemblées d'Aduocats & Procureurs charitables de fon Illuftre Ayeul Henry.

Ce fera pour lors qu'on pourra dire de noftre Inuincible
Monarque, que fa bonté aura éleué *cette fortereffe dans la
maifon d'Ifraël*, pour la protection du foible, que toute la
malice des hommes ne pourra renuerfer.

CHAPITRE XXVII.

La Subftance des Reglemens de ladite Affemblée.

IE ne mettray icv, que ce qui peut feruir pour les
Prouinces, pour n'eftre pas long, & parce que fouuent,
ce qui eft bon à Paris, ne l'eft pas ailleurs, chacun doit
faire fes Reglemens fuiuant l'humeur & la neceffité des
pais où l'on eft, je me contenteray donc de reprefenter
l'efprit de celle de Paris.

1. Le deſſein eſt d'empeſcher tant que l'on pourrá, que le pauure ne perde pas le temps à plaider, afin qu'il puiſſe l'employer à gagner ſa vie.

2. Pour y paruenir, auant de luy donner aucune aſſiſtance, on luy demandera s'il conſent de s'accommoder à l'amiable, au cas que ſa partie le veüille, s'il le refuſe, on l'abandonnera.

3. Si le Procez n'eſt pas intenté, auant de le commencer, on priera ſa Partie de vouloir s'accommoder, ſi elle y conſent on nommera des Arbitres.

4. Si les Arbitres pris de l'Aſſemblée des pauures ſont ſuſpects au riche, le pauure en nommera d'autres.

5. On obligera le pauure à ſe tenir à vne Sentence Arbitrale, & jamais on ne l'aſſiſtera pour la ſuite de l'appel, ſi le grief n'eſtoit plus clair que le jour.

6. Si la partie du pauure refuſe l'accommodement, pour oſter au riche tout pretexte de plainte, qu'on le vexe, qu'on le tourmente; le pauure luy fera notifier vne declaration pardeuant Notaires, par laquelle il le priera d'auoir compaſſion de ſa foibleſſe, expoſera comme il l'a déja fait prier de s'accommoder à l'amiable, qu'il l'en prie encore, & luy declarera, que quand il luy plaira, dans tous les endroits du procez, que luy pauure ſera toûjours preſt de venir à vn accommodement.

7. Le procez du pauure s'il ſe trouue mauuais, & qu'il ſoit mis en Arbitrage, les Arbitres le condamneront ſans en auoir pitié, Dieu l'ordonne (*pauperis non miſereberis in judicio*) leurs procez ſouuent ne ſont pas bons, des gens ſans biens, s'attachent à des eſperances, dont ils ont peine à démordre.

8. Si au contraire leurs procez ſe trouuent bons, & qu'on ne puiſſe les accommoder qu'en ſe relâchant vn peu, on le pourra faire; cent eſcus par exemple d'argent comptant au pauure, luy profitent plus, que ſix-vingts eſcus, apres vn longue attente.

9. Les procez qu'on n'aura peu accorder, auant de les

pourſuiure,

pourſuiure, on les conſultera à trois Aduocats des plus
celebres des lieux, ſi on les trouue bons, on les addreſſera
aux Aduocats & Procureurs de l'Aſſemblée, & on leur
répondra des frais, mais afin que ladite Aſſemblée n'ait
pas beſoin de faire des auances.

10. On aura vn Procureur & vn Aduocat au ſiege du
lieu, & au Parlement du reſſort, on les payera de leurs
vacations tout du long, s'ils ne veulent volontairement,
faire quelque remiſe, l'épargne d'vne partie des frais n'eſt
pas conſiderable, au prix d'vne prompte expedition, &
le payement y contribuë.

11. Les procez des pauures qui ſeront bons, & bien
inſtruits, apparemment on n'en perdra gueres, pour ceux
que l'on gagnera, le Procureur ſera payé de ſes auances
par la partie du pauure, qui aura perdu.

12. Mais comme les meilleurs procez ſe perdent quelquefois, les frais ſe pourront prendre ſur ceux qu'on aura gagné, le mieux ſeroit que l'Aſſemblée payaſt ces frais;
mais dans les Prouinces, il y a nombre de perſonnes bien
intentionnées, qui ne ſont pas riches, qui pourront auoir
enuie de former ces ſaintes Aſſemblées, & qui pourroient
en eſtre diuerties par la crainte de la dépenſe.

13. Dans les grandes Villes, il ſera bon d'auoir vn Solliciteur à gages, & le payer graſſement, l'affection & la
diligence aide à terminer promptement les affaires, ſur
tout celles qu'on accommodera à l'amiable, dont le nombre ſera grand; vn pauure qui meurt de faim, ou le foible qui ſouffre oppreſſion, ne voudroit il pas maintenant
trouuer vn Solliciteur affectionné, à qui on ne donnera
qu'vn petit payement aprés l'affaire gagnée?

14. Ces Aſſemblées auront vn Secretaire, qui tiendra
regiſtre des deliberations; les placets, que les pauures preſ-
ſenteront, ſeront diſtribuez, & leurs affaires examinées
auant d'en parler à l'Aſſemblée.

15. On s'aſſemblera de quinze jours en quinze jours
chez le Curé du lieu, du moins en ſa preſence, ou de

M

quelque Ecclesiastique commis de sa part, qui presidera,
& prendra les voix de rang sans distinction de qualitez,
la charité rend tout le monde égal, & les grands s'éleuent en s'abaissant. Ces personnes illustres de Paris, qui
sont des premiers de l'Estat, le sont dignement dans ces
Assemblées.

16. NOSSEIGNEVRS les Euesques seront
conuiez faisans leurs visites, de faire la grace de visiter
aussi ces Assemblées, pour réchauffer & animer leur
zele.

17. Enfin ces Messieurs qui voudront assister les pauures, se souuiendront sur tout, qu'ils trauaillent pour ce
Dieu pacifique, qui est aussi *le Dieu doux & humble*, que
le bon seruiteur imite le Maistre, & ainsi ils prendront
bien garde de ne rien dire, ny rien faire, qui puisse offen-
ser les parties, ou les Iuges.

18. Et pour conclusion, ces Ouuriers Charitables, doiuent se preparer à souffrir patiemment les injures, les
reproches, & les ingratitudes des riches & des pauures;
il y a long-temps que l'Apostre nous a dit, qu'icy bas,
Dieu ne promet que persecution à ceux qui suiuent la
pureté de l'Euangile *(persecutionem patientur)* mais en reuanche ce mesme Apostre, promet dans les Cieux cette
recompense, dont la durée n'aura point de fin : *Merces
vestra copiosa est in cœlis.*

CHAPITRE XXVIII.

*Que l'accord des Procez empeschera grand nombre
de Duels.*

DANS les Prouinces quasi tous les Duels viennent
de ces querelles, & de ces haines & animositez,
que causent les procez animez de la Noblesse, pour ces

droits honorifiques de Fiefs, Iurifdictions, préeminences, droits de Chaffe, &c. entre voifins, quand il y a procez on eft toûjours en guerre, on a fon ennemy à la porte, quand les Maiftres feroient fages, les valets ne le feront pas, il y aura toûjours quelque démelé entre eux, ils fe rencontrent à toute heure par les chemins, dans les Villages, & ailleurs, ils fe battent, fi on le diffimule, on craint d'attirer la perfecution, & ainfi malgré foy, il faut en venir aux mains; les amis prennent party, d'vne querelle il s'en fait cent, & ces playes faignent long-temps.

Cent exemples funeftes de cela, par tout le Royaume, & pour comble de mal-heur, comme les procez font deuenus immortels en France, les haines & les querelles font auffi deuenuës immortelles; il y a des familles, dont les peres, grands peres, & petits enfans, fe font battus en Duel, pour le fujet d'vn mefme procez, & qui n'eft pas encore terminé.

Si donc on pouuoit accorder ces procez à l'amiable, on empefcheroit ces querelles & ces Duels mal-heureux qui les fuiuent, fi nos Curez & nos Euefques, nos Gouuerneurs & Grands Seigneurs ont la charité d'eftre les Entremetteurs, ils eftoufferont ces monftres dans leurs naiffance, toute la Nobleffe le defire, les plus animez le fouhaitent, & le demanderoient à leurs ennemis s'ils ofoient, & fi on pouuoit fauuer les apparences.

C'eft à noftre grand Roy d'acheuer fon miracle: vn des plus grands de fon Regne, c'eft d'auoir arrefté le cours & la fureur de ces combats finguliers, manie auffi vieille que la Nation, qu'on auoit fuccé auec le lait, & qu'on voyoit confirmée par l'exemple des plus vaillans; on fe vantoit d'eftre defcendu de ces Anciens Gaulois qui pafferent les Alpes, & qui allerent brauer les Romains, jufques dans leur Camp, pour les appeller en Duel.

Et en effet, à ne fuiure que les mouuemens de la Nature, de tous les combats c'eft le plus genereux, & le plus digne de gloire; C'eft pourquoy l'Eglife & l'authorité du

Prince, doiuent d'autant plus trauailler à en éloigner
toutes les caufes.

Iufques icy on n'a pas trouué de meilleur remede, que
de faire figner à la Noblesse la Declaration du Roy contre ces combats ; de mefme fi on luy faifoit figner vne
Declaration de n'auoir point de procez à l'auenir que le
demandeur n'offrit Arbitrage auant d'intenter fon action,
& qu'il y euft vne amande contre le refufant, payable
par prouifion, tous figneroient cette Declaration auec
joye, parce que tous craignent le procez & l'apprehen-
dent, & ainfi on les feroit ceffer, & ces haines & ces querelles d'où naiffent les Duels.

Ce moyen femble encore plus doux, & plus facile dans
l'execution, & deuoir eftre de plus longue durée; Car
plufieurs n'ont figné la Declaration du Roy contre les
Duels qu'à regret, & ont peine à l'executer; & s'il arri-
uoit des guerres & des troubles, ou vn Prince moins ferme que le noftre, il y auroit à craindre qu'on ne retombaft
dans l'ancienne erreur, quand ce ne feroit que pour paffer
pour braue.

Mais la declaration contre le procez, de n'en vouloir
point auoir, qu'on ne termine à l'amiable : tous la figne-
ront & l'executeront auec joye, & eftant vne fois accoù-
tumez à la douceur de ce remede, il durera à jamais, &
cette vnion, & ce bon exemple, feruira à empefcher les
autres Duels & querelles, qui naiffent d'autres caufes.
C'eft pourquoy ceux qui ont l'honneur d'approcher du
Souuerain, font priez de luy infpirer ces fentimens; le
Marquis de la Motte-Fenelon, fur tout y doit contri-
buër, luy qui a fi dignement trauaillé, & fi long-temps,
& auec vn fuccez fi heureux, qu'il a perfuadé grand
nombre des plus braues de la Cour, & leurs a fait figner
la condamnation de ces combats, auant que le Prince
l'euft prononcée.   *Luc.*

CHAPITRE XXIX.

Que les Prelats & grands Seigneurs qui approchent du Prince, sont priez de le conuier de contribuer à l'execution des auis cy-dessus, si on y trouue quelque chose de bon.

CEvx qui ont l'honneur d'approcher des Rois & de ce (*Throne de Puissance*) dont parle l'Ecriture, qui fait les bonnes ou mauuaises destinées des peuples, doiuent donner les bons Conseils aux Princes : Nous auons fait voir l'estat déplorable de la France desolée par la chicane, par ces longs Procez qui ruinent les familles, & ces haines & inimitiez mal-heureuses qui deuorent les Chrestiens, nous auons fait voir que tous soûpirent, & demandent au Ciel, & au Roy, la destruction de ce monstre de diuision & de discorde, que tous souhaitent d'accorder leurs procez à l'amiable, du moins de deux que l'vn le desire, le plus foible ou le plus sage : Nous auons fait voir que l'Euangile, les Peres, les Canons, les Conciles & les Ordonnances des Rois & des Empereurs l'ordonnent.

Nous auons fait voir encore que depuis la venalité des Charges, tous les Rois ont fait des Edits pour abolir la chicane & abreger les procez, qui n'ont point esté executez par les Iuges qui ont interest d'y contreuenir, parce qu'il leur en vient du profit, & qu'il y a à craindre qu'ils contreuiendront à l'auenir, par la difficulté qu'il y aura à punir les contreuenans, & à donner des fondemens si solides à la reformation, qu'ils ne puissent estre ébranlez par la negligence, l'auarice, ou la necessité des Rois qui succederont à nostre incomparable Monarque.

Enfin nous auons fait voir que de toutes ces grandes reformations de la chicane faites aux Eftats Generaux d'Orleans, de Blois, Affemblées de Moulins, & depuis par Loüis XIII. d'heureufe memoire, rien de tout cela n'a efté executé & n'eft venu dans fa pureté jufqu'à nous, que l'eftabliffement des Iuges Confuls (*Arbitres des Marchands*) parce que ce font Iuges Electifs, qui jugent fans efpices, fur le champ, fans Aduocats, fans Procureurs, comme font la plufpart de toutes les Nations, & quand on a voulu choquer ou fupprimer les Confuls, les Marchands, les Villes, les Communautez, & les prouinces où il y a des Eftats, ont fait des fupplications aux Rois & les ont maintenu, parce qu'ils y auoient intereft.

De mefme, il femble & plufieurs croyent que fi le Roy ordonnoit que les Edits des Rois fes predeceffeurs touchant les Arbitrages feroient executez, & qu'il ordonnaft vne peine contre le refufant, que tous les procez quafi fe termineroient à l'amiable, dautant que la moitié des plaideurs fouhaitent l'accord, comme nous auons dit, & le demanderoient hardiment, & que l'autre moitié n'oferoit le refufer à caufe de l'amande qu'il faudroit payer comptant.

Par ce moyen, tous ceux qui ont des procez indecis s'entredemanderoient accord, comme les Marchands autrefois demanderent leur renuoy deuant les Confuls, dés que l'Edit fut publié, & qu'ainfi en vn moment, on verroit par tout le Royaume, vne fufpenfion d'armes generale entre tous les plaideurs, que les palais & Tribunaux deuiendroient deferts, & qu'on y verroit vn profond filence, & vne agreable folitude, & qu'enfin la malice des fiecles àvenir ne pourroit rien contre ce remede; car les peuples accouftumés à la douceur de l'Arbitrage fi on vouloit le fupprimer, feroient des fupplications aux Rois, pour le maintenir, comme les Marchands ont fait pour le maintien de leurs Confuls; mais ce n'eft pas à moy d'aller fi auant, c'eft au Roy & à ces Meffieurs

qui trauaillent auec luy à cette glorieuse reformation de
l'Estat, c'est à eux à qui le Ciel distribuë ces viues lumieres qui sont reseruées à ceux (comme dit l'Escriture,)
qui sont *appellez dans le Sanctuaire.*

Neanmoins puis qu'on souffre les souhaits, & les auis
de ceux qui ont de bonnes intentions, il semble que l'Arbitrage termineroit la plufpart des procez, la nature
nous l'inspire, le droit des gens, & la pratique de tous
ceux qui veulent fuir les Palais & Tribunaux ; les petits
& les grands, les sçauans & les ignorans, si vous auez vn
démelé, vous disent, prenez vn amy qui vous accommode.

Les Rois & les Princes conuiennent d'autres Souuerains, qui terminent leurs guerres, qui font les procez
des testes Couronnées ; & enfin nos loix, nos coustumes,
conseillent & ordonnent l'Arbitrage ; & les societez des
Marchands par toute la terre, l'article principal de leur
maintien, c'est en cas de differend que l'on conuiendra
d'Arbitres.

Nous le voyons encore par experience, en la personne
de ce bon Curé qui a trouué le secret d'accorder les procez
de ses Paroissiens, de ces bons Euesques qui accordent les
leurs, & ceux de leur Diocese ; de ces grands Seigneurs,
qui accommodent aussi les leurs & ceux de leurs voisins &
vassaux ; & enfin de ces Messieurs, qui par la mesme voye
accordent ceux des pauures.

Si donc le Prince ordonnoit que les Edits des Rois ses
predecesseurs touchant les Arbitrages seroient executez,
auec vne peine contre le refusant ; tout le monde coure-
roit à ce remede, par ce que comme nous auons dit, la
moitié des plaideurs voudroient estre d'accord, & l'autre
moitié ne l'oseroit refuser de crainte de la peine ; ce seroit
pour lors qu'on verroit tout le monde en paix, l'Eglise,
la Noblesse, le Marchand, le Païsan & Laboureur ;
ce seroit lors que la France pourroit dire, ce que
Rome autrefois disoit d'Auguste dans les transports d'e-

ſtime qu'elle auoit pour ce Prince. *Deus nobis hæc otia fecit.*
Virgil. Il nous a donné vne paix profonde, il a fermé le
temple de la guerre, de diuiſion & de diſcorde, qui eſtoit
le comble du bon-heur parmy les Romains.

Et enfin on diroit de noſtre Roy ce que l'Eſcriture dit
d'vn grand Prince, *fecit pacem ſuper terram, & lætatus eſt
Iſraël lætitia magna, & Seniores in plateis ſedebant omnes,
& loquebantur de bonis terræ, & Iuuenes induebant ſe glo-
riam, & ſtolas belli, & ſedit vnusquiſque ſub ficulnea ſua
& non erat qui terreret eos.* Macab. c. 14. Il a fait la paix
ſur la terre, dont Iſraël s'eſt grandement reioüie, les
Vieillards parloient du labourage & du commerce, &
les Ieunes ſe preparoient à la guerre, & vn chacun ſe pouuoit aſſeoir en paix à l'ombre de ſon Figuier, & n'y auoit
perſonne qui troublât leur repos, c'eſt à dire parmy nous,
qu'il n'y auoit ny procez, ny Huiſſier, ny Sergent qui
pût leur faire peur.

Il ne reſte donc qu'à conuier noſtre Prince de vouloir
acheuer ſon miracle, & pour y contribuer renouueller
les Edits des Arbitrages, auec vne peine contre le refu-
ſant qui en ſera ſommé; & pour les pauures vouloir eſtablir ces Aſſemblées charitables de ſon Ayeul qui accorderont leurs procez; on ſupplie NOSSEIGNEVRS
les Prelats, qui ont l'honneur d'approcher de ſa Majeſté
de luy inſpirer ces ſentimens; on en ſupplie M. l'Archeueſque de Paris, qui dans cette belle vie de Henry IV. a
eſté l'vn des premiers à dépeindre les mal-heurs de la
chicane, & en faire eſperer la gueriſon; il ſçait que dans
cette Republique autrefois, ſi bien reglée & policée, il
eſtoit (*deffendu de découurir les playes de l'Eſtat*) ſi dans le
meſme temps on ne propoſoit le remede, & qu'on n'en-
treprit la gueriſon.

On ſupplie encore M. l'Eueſque de Luçon de contribuer à vne ſi ſainte entrepriſe, luy qui trauaille auec tant
de zele & de charité, pour pacifier les procez & differens
de tous ceux de ſon Dioceſe: Enfin on en ſupplie tous

ce∫

ces prelats sages & vertueux qui approchent du Prince,
qui doiuent trauailler pour faire immoler aux pieds des
Autels, ces mal-heureuses victimes de procez, de duels,
de haines & animositez, si dignes d'estre immolées, par
les mains de ceux, qui offrent à Dieu tous les jours, des
Sacrifices de paix.

CHAPITRE XXX.

Façon du Compromis,

QVE ce bon Curé dont nous auons parlé, fait signer
à ceux de sa paroisse qui consentent de s'accommoder à l'amiable, il en porte toûjours d'imprimez sur luy,
tel le signe sur le champ apres vne douce remonstrance,
qui ne le signeroit pas s'il y auoit pensé long-temps.

Au Compromis qui suit, & aux Sommations d'Arbitrages qui sont cy-apres, on pourra y adjouster ou dimi-
nuer ce que l'on jugera à propos suiuant l'vsage & le style
du païs où seront les parties.

Au reste le Compromis le plus court & le plus simple est
le meilleur, souuent il y auroit plus de peine à dresser vn
Compromis raisonné au gré des parties qui s'animent ai-
sement, qu'à juger l'affaire au fonds.

COMPROMIS.

LEs Soubs-signans sont demeurez d'accord de ce qui suit
pour terminer à l'amiable les Procez meus ou à mouuoir
entr'eux touchant l'execution de

&   *& pour y paruenir le*

sieur de   *a nommé pour*
Arbitre M^r de
& le sieur de   *a nommé*
pour Arbitre M^r de   *& pour*
tiers ont conuenu de M^r de

                                    N

Mais s'ils n'en conuiennent pas, fignant, le Compromis on
pourra dire (*& d'vn tiers les Parties en conuiendront cy-
apres,*) & s'ils ont de la peine à conuenir d'vn, agreable
aux deux parties, le Curé, le Mediateur ou les Arbitres
le feront choifir, comme il eft dit au Chapitre XXI. du
choix des Arbitres.

*ET lefdites Parties prendront affignation de Meffieurs
leurs Arbitres dans*

*produiront deuant eux tous & chacuns leurs Actes, & configne-
ront pour le dedit la fomme de*

*pour eftre baillée en cas d'appel à l'ac-
quiefçant, auec tout pouuoir qu'ils donnent aufdits fieurs Arbitres de juger & fentencier; voulans que leur Sentence foit executée par prouifion au terme de l'Ordonnance (fi l'on a bien enuie de s'accommoder, on peut adjoufter) voulans auffi
lefdites Parties en cas d'appel, que l'appellant ne pourra auoir ny
pretendre aucuns dépens, & qu'il confignera la fomme de*

pour la

vidange de l'appel &c. Fait double *&c.* Si l'on veut apres,
cela, ce Compromis fe pourra rapporter deuant Notaires,
& le mettre en forme.

CHAPITRE XXXI.

Sommation d'Arbitrage entre égaux.

IL eft bon qu'elle fe faffe par des Notaires tant que
l'on pourra, & non par des Sergens, pour les raifons
cy-deuant dites.

DEuant nous Notaires, &c.
a comparu en perfonne & deuëment foûmis le fieur de

qui nous a declaré que procez seroit meu entre luy & le sieur
de   pour
raison de

            pour lequel Procez terminer promptement , facile-
ment, sans peine & sans frais , & nourrir paix, vnion & amitié entre Parties , comme elle doit estre entre Chrestiens , ledit
sieur declarant fait offre audit sieur de
            de conuenir d'Arbitres , & consigner pour le dedit la
somme de   sommant ledit sieur de
            de declarer s'il consent d'en nommer de sa part , & le
declarer par Actes deuant Notaires dans   jours élisant
à cette fin domicile chez   protestant
qu'au cas que ledit sieur refuse l'accommodement , qu'il sera cause
de tous les maux qui suiuent le procez , protestant en outre de le
rendre responsable de tous dommages , interests & dépens ; de
tout quoy ledit sieur declarant nous a demandé Acte , & de vouloir nous transporter chez ledit sieur
            (ou chez le sieur de   son Procu-
reur en Cause) pour luy notifier & deliurer copie des presentes
declarations , offres & protestations , & a signé auec nousdits Notaires , &c.
En consequence nousdits Notaires certifions nous estre transpor-
tez chez ledit sieur de   sur les   heures
de ce jour , où y estant , parlant à
nous luy auons notifié & deliuré coie d e ce que dessus, le sommant
d'y répondre , &c.

CHAPITRE XXXII.

Sommation d'Arbitrage, d'vn Grand à vn Inferieur.

IL faut adjoûter à celle d'entre égaux :

Et dautant que ledit sieur de   se pourroit plaindre qu'il a Procez contre plus puissant que luy, en biens, credit ou amis, pour faire voir que ledit sieur declarant n'a pas dessein de tirer auantage de sa naissance, biens, credit & amis, & qu'il ne desire que conseruer le sien, ledit sieur declarant fait offre de conuenir d'Arbitres, &c.

Si c'est vn Euesque, vn Curé, ou autre personne d'E-glise qui fait la Sommation; il est bon d'y adjouster qu'on l'a fait en veuë du Ciel, &c. j'en ay veu plusieurs touchez par-là.

CHAPITRE XXXIII.

Sommation de l'Inferieur à plus Puissant que luy.

IL faut adjoûter à la Sommation d'entre égaux:

Et dautant que la suite dudit Procez causera la ruine dudit   & de sa pauure famille, qui n'a ny les biens, ny le credit, ny les amis dudit sieur ledit declarant le prie & conjure pour terminer ledit Procez promptement, sans peine & sans frais, d'auoir la charité de nommer des Arbitres, &c.

I'ay veu ces sortes de Sommations reüssir souuent, mais il faut comme j'ay dit apres les auoir fait signifier au Procureur de l'homme Puissant, les faire tenir au Grand Seigneur en main propre.

CHAPITRE XXXIV.

Pour faire des Societez, & éuiter les Procez, qui en France, les suiuent d'ordinaire.

EN Espagne, Portugal, Angleterre, & Hollande, voicy ce qu'ils font :

1. Si la Societé est pour plus d'vn an, on stipule que si auant la fin de la premiere année, l'vn des Associez vient à mourir, que l'Heritier ne prendra point de part, au profit, ny à la perte ; mais qu'il sera remboursé par les autres Associez, du principal & interest, à raison du denier stipulé, à compter du jour du débourcé.

2. On stipule, que l'on comptera d'an en an, que si l'on y manque, & que l'vn des Associez vienne à mourir, que son Heritier pareillement, ne prendra point de part, ny au profit ny à la perte, mais seulement qu'il sera remboursé du principal & interest, depuis le dernier compte, & s'il n'y en a point de rendu, depuis le jour du débourfé.

3. Et au cas que l'Heritier fut saisi de quelques effets de la Societé, & qu'il suruint procez ou differend sur la reddition, on stipule, ce que l'on va dire, au Chapitre suiuant.

CHAPITRE XXXV.

Pour faire des marchez, & éuiter les Procez.

1. TOvs les marchez font au dessous de cinq cens liures, ou au dessus.

S'ils font au deſſous, on peut ſtipuler, en cas de procez ou differend, que chacun nommera ſon amy, pour faire leur rapport aux Iuges Conſuls, les plus proches de la demeure des parties, pour eſtre par eux Iugez Souuerainement, & en dernier reſſort, ſuiuant l'Edit d'érection deſdits Conſu's.

2. Si les marchez ſont au deſſus de cinq cens liures, on peut ſtipuler pareillement, que chacun nommera ſon amy, mais en qualité d'Arbitre, pour eſtre par eux jugez, conjointement auec les prochains Iuges Conſuls, auec promeſſe de conſigner vne ſomme pour le dédit, & en cas d'appel, que l'appellant ne pourra eſtre receu à plaider.

1. Qu'il n'ait payé le dédit.

2. Qu'il n'ait executé la Sentence Arbitrale, en principal, intereſts & deſpens, au terme de l'Ordonnance.

3. Que l'appellant ſera obligé de conſigner vn ſomme pour le jugement de l'appel.

4. Que l'Appellant ne pourra eſperer de deſpens, à ces conditions, il y aura peu d'appellations.

CHAPITRE XXXVI.

Objections contre les deux Chapitres precedens,
& les reſponſes.

ON peut objecter premierement, que les Arbitres ſe peuuent méprendre, & qu'empeſcher l'appel, ce ſeroit faire tort, à qui ſeroit lezé.

En ſecond lieu, pour les grandes Societez, qu'il y auroit de grands inconueniens, qu'il peut y auoir de grandes pertes vne année, & de grands profits l'année ſuiuante, & qu'ainſi on fera tort, aux heritiers, ou aux aſſociez.

On répond qu'il est vray, qu'il peut en cela y auoir de l'inconuenient, & de la perte pour quelqu'vn, mais on éuite le procez, qui est le pire de tous les maux; pour arrester le feu, on jette vn partie de la maison par terre; pour esquiuer la tempeste, on jette vne partie des marchandises dans la Mer.

On répond encore, qu'il est vray qu'il peut y auoir de l'inconuenient, d'empescher les appellations de ces Sentences Arbitrales; mais parmy les Marchands, ce qu'on estime dauantage, n'est-ce pas le temps, & auoir l'esprit libre pour s'appliquer à son Commerce? Et les procez sont immortels en France, dérobent tout le temps, & sont accompagnez de chagrin & d'inquietude, & épuisent la bourse, & décrient le Marchand.

Qui est le Negociant, pour peu qu'il ait de bien, ou d'esperance d'en gagner, qui voulut quiter la France, abandonner sa Maison, sa Femme, ses Enfans & son Commerce, pour aller dans les Indes chercher mille escus, qui luy seroient deus, dans l'incertitude de les y trouuer. Et neanmoins on aura fait le voyage des Indes deux & trois fois, plûtost qu'on n'aura terminé vn miserable procez en France, sur tout, s'il est au Conseil.

Les maximes de ces grands Negocians, des Royaumes voisins, sont d'éuiter les procez & differens, en voicy vn bel exemple. Vn Hollandois habitué dans l'vne de nos Villes, marioit sa Fille vnique, qui estoit fort riche, à vn Marchand François qui esperoit cent mille liures de la succession de son Pere, & neanmoins auant le Mariage, il obligea son Gendre de renoncer à la succession de son Pere, parce qu'il y auoit des procez; disant, qu'il auroit plûtost gagné cent mille liures, par le Commerce, qu'il n'auroit tiré dix mille francs de sa succession litigieuse.

Le prouerbe des Turcs en matiere de procez est bien veritable, ils disent, qu'il vaut mieux, perdre tost, que gagner tart: Et en effet, aprés dix ans de procez, quoy

que l'on gagne, tire-t-on la dixiéme partie des frais que
l'on a faits, & de ce qu'on a perdu, pour auoir esté con-
traint d'abandonner la maison & les affaires.

Enfin, il faut se rendre à l'experience, les peuples voisins, qui fuyent les Procez, & qui suiuent les maximes
dont nous auons parlé dans leurs marchez & societez,
viuent en paix & en repos, font vn grand Commerce par tout le Monde, & ont acquis des richesses
immenses.

F I N.

j'ay lû, par ordre de monseigneu[r]
Le chancelier, l'arbitre charitab[le]
et n'y ay rien trouvé qui en doiu[e]
empecher la rejmpression a pa[ris]
ce b.e aoust 17[..] ——— [signature]